「あなたが必要だ」と言われ続ける人の思考と行動

マーケターのように生きろ

井上大輔

東洋経済新報社

はじめに

1 マーケターのように生きれば「やりたいこと」なんてなくても輝ける

「人の期待に応える」ことで発揮される個性

「個」の時代だと言われます。

在宅勤務が急速に普及し、副業も一段とやりやすくなりました。インターネット経由で単発の仕事を請け負う「ギグワーク」も一般的になってきました。

こうして働き方が多様になるのは、働き手にとってはいいことのようにも思われますが、見方によっては**とても過酷なこと**だとも言えます。頭抜けて優秀なフリーランスに、事務や営業の仕事までを外注するのが一般的になったら、多くの人が会社での居場所を失ってしまうでしょう。

際立った「個」がないと生き残れない。そんな時代の空気は、よりいっそう強まりました。

では際立った「個」を持っている人と聞いて、どんな人を思い浮かべるでしょうか。ビジネスの世界で突き抜けた実績を持ち、話術にも秀で、有識者としてメディアで活躍する――そんな人の顔が頭をよぎるのではないでしょうか。

そうした人たちは、見るからに個性的で、人を惹きつける魅力にあふれています。常識や慣習に縛られず、常に我が道を行く豪胆さもあわせ持っています。ビジネスや会社でさえ、自分を表現する手段だと言わんばかりです。アーティストのようなビジネスパーソン、とでも言いましょうか。

そうだとすると、**「表現できる自分」**なんて**持っていない人**は、どうすればいいのでしょうか？

そもそも**自分を表現するなんて性に合わないという人**は？

あるいは、そうしたくても**才能がないと自覚していたり、1度は挑戦してむなしくも挫折した人**は？

そういった人たちは、誰も際立った「個」を持つことはできないのでしょうか？

それは違います。

そんな人には、「**相手をよく知り、その期待に応える**」という生き方があります。

自分を表現するのではなく、**人の期待に応えることを追求する**のです。そのために、まずは相手をよく知り、相手が何を求めているかに思いをめぐらせます。そして、自分にできる精一杯でそれに応えます。

この本では、そんな生き方を「**マーケターのように生きる**」と呼んでいます。マーケティングとは、そうして「常に相手からスタートする」という考え方を体現したものだからです。

マーケターのような生き方
POINT 01

「マーケターのように生きる」とは、「人の期待に応えることを追求する」生き方のこと。

「マーケターのように生きる」と「求められる」人になれる

「マーケターのように生きる」と、**職場で求められる人**になることができます。

どんな仕事にも、相手がいます。営業や商品開発、広告宣伝であれば、相手は顧客です。人事や法務、ＩＴや購買などの間接部門であれば、相手は他部門の同僚たちでしょう。どのような職種であれ、チームでは上司や部下を相手に仕事をします。

そうした相手をよく知り、その求めるところを理解し、それに応えることが「**再現性を持って**」できるとしたらどうでしょう。**どこにいても、何をやっていても、常に周りから必要とされる人**になることができます。

また、働き手としての人生は「**自分という商品**」**を生涯かけてつくり上げること**に他なりません。

どこの市場で勝負するのかを決めて、そこで「求められる」スキルや経験を理解し、それを磨き上げていく。これはマーケターが商品をつくるプロセスそのものですが、そうすることで「**自分をもっとも多くの人に役立ててもらえる**」**キャリア**が構築できます。

仕事の報酬とは誰かの役に立ったことへの見返りなので、自ずと金銭的にも報われるでしよう。

プライベートでも必要とされる人になることができます。

いつでも相手からスタートし、周りから何が求められているかを理解している人は、常にコミュニティの中心にいます。それは生まれ持った性格の問題でもありますが、この本で説明していく心がけと技術で十分に補うことができます。

さらにYouTubeやＳＮＳで情報発信をするにも、「相手に求められる」コンテンツを生みだせるようになります。それに応じて影響力もついてくるでしょう。影響力とは、結局どれだけの人に「求められるか」なのですから。

このように**さまざまな場面で「求められる人」になることこそ、「個」を際立たせることに**他なりません。芸術家のように**自分を表現する**ことで「求められる」人だけでなく、マーケターのように**人を理解し、その期待に応える**ことで「求められる」人もいるのです。

成功に秘訣というものがあるとすれば、それは、他人の立場を理解し、自分の立場と同時に、他人の立場からも物事を見ることのできる能力である。

――ヘンリー・フォード（自動車王）

『人を動かす』デール・カーネギー、創元社

マーケターのような生き方
POINT 02

マーケターのように生きると、①今の職場、②将来のキャリア、③プライベートの3つの局面で「求められる人」になれる。

「求められること」こそ幸せの本質

マーケターのように生きて「求められる」ことは、この過当競争の時代に食いぶちを約束してくれるだけでなく、人生に充実感をもたらしてくれます。

絵を描くのが好きな人が、無理を言って、仕事として絵を描くことを上司に認めさせたとします。その人はそれで幸せでしょうか。

上司からはおそらくあまり感謝されないでしょう。周りからは、「あの人、何でいつも役に立たない絵ばかり描いているんだ？」と思われるでしょう。自分がそういう状態に置かれたことを想像してみてください。私だったら、幸せどころか逆に心を病んでしまうと思います。

どんなに自分が好きなことをしていても、それが誰からも必要とされていなければ、決して幸せとは言えません。必要とされることこそ、幸せの本質と言っていいかもしれません。

会社における地位や肩書きではなく、**自分の力で仕事も幸せも引き寄せられる**。そうなれば、誰しもがあなたを際立った「個」の持ち主と考えるでしょう。

そのために「強烈なカリスマ性」や「人を惹きつける魅力」は必要ありません。「やりたいこと」も関係ありません。むしろ邪魔になるかもしれません。

なぜなら、**「マーケターのように生きる」の出発点は、あくまで自分ではなく相手**だからです。

マーケターのような生き方

POINT 03

「マーケターのような生き方」は、「強烈なカリスマ」でない人が際立った「個」になる方法の1つ。

自分だけでなく、仲間の利益を大切にすること。受け取るよりも多く、相手に与えること。幸福になる唯一の道である。

――アルフレッド・アドラー(『嫌われる勇気』で有名な心理学者)

『アルフレッド・アドラー 人生に革命が起きる100の言葉』小倉広解説、ダイヤモンド社

マーケターのように生きることは「自分らしく」輝くこと

では、マーケターのように生きて人の期待に応えることは、自分らしさを殺すことなのでしょうか。

そうではありません。

自分こそが応えられる「誰かの期待」を見つけ、自分なりのやり方でそれに応えていく。

これを「自分らしさ」と呼ばずして何と言いましょう。

英語で「天職」のことを「コーリング」と言います。神様が自分を「呼んでいる」というのがその由来です。

もちろん、神様を信じる信じないは人それぞれです。でも、誰かが自分を「呼んでいる」ことこそが天職なのだ、という感覚に多くの人が共感するからこそ、今日でも使われる一般表現になったのではないでしょうか。

自分の天職は、実は自分が決めるものではない、かもしれないのです。

どうしても叶えたい夢がある人は、それを追求するのがいいでしょう。しかし、それがなかったとしても、あるいはかつて挑戦し、夢破れてしまっていたとしても、決してがっかりすることはありません。

そうした人たちが、天職＝コーリングを見つけるための方法があります。それこそがまさに「マーケターのように生きる」ことなのです。

この本は、マーケターになるための教科書ではありません。**マーケティングの基本的な考え方を紹介し、それを理解してもらうことで、「マーケターのように生きる」という視点を身につけてもらう**ための本です。

特に、自分の夢や使命なんてよくわからないという人、挫折してそれを見失ってしまった人に読んでもらいたいと思っています。なぜなら、他ならぬ私自身が、かつてそういう状態から、**「マーケターのように生きる」という視点に救われた**経験を持っているからです。

少しだけ、そんな身の上話をさせてください。

CEOになるための面接のプロセスで、取締役の一人と話していたときに、「君はCEOになりたいのか？」と聞かれました。「皆さんがなって欲しいと思うなら」というのが私の答えでした。

——サティア・ナデラ（マイクロソフトCEO）

「Satya Nadella on the journey to becoming Microsoft's CEO & reimagining technology's impact」Khan Academy（YouTube）

マーケターのような生き方

POINT04

自分なりのやり方で人の期待に応えること＝「自分らしさ」。

2 人生を180度変えた「マーケティング」の考え方

「自分を表現しない」からこそ輝ける

私はいま、ソフトバンクの広告部門で働いています。過去にはニュージーランド航空、ユニリーバ、アウディ、ヤフーなどでマーケティングの仕事を続けてきた「マーケター」です。

ありがたいことに外部での講演や研修講師のご依頼をいただく機会も多く、２０１９年は年間30回以上、人前でお話をさせていただきました。経済誌の老舗『週刊東洋経済』で1年間、連載を持ったり、２冊目となる書籍を上梓したのも２０１９年の出来事です。「NewsPicksアカデミア」のプロフェッサーや、業界イベントのボードメンバーなども務めさせていただきました。雑誌などのメディアに取材していただいたり、朝の情報番組にも出演させていただきました。そうした活動を目にした経営者からご依頼をいただき、４社に顧問として入らせていただいたりもしました。これが２０１９年の「副業」活動のハイライトです。

これだけ書くと、強い自己主張を持った人物だと想像されるかもしれません。「セルフブランディングに力を入れていますね」と言われることもあります。

いずれもそうではありません。

このような機会をいただくようになったのは、むしろ正反対に、**自己主張や自我を抑え、相手からスタートすることを意識するようになってから**なのです。その前には、必死に自我を打ち出そうとしていた「暗黒時代」がありました。

❖ 暗黒の大学生時代

マーケティング関係の人には、かつてはミュージシャンを夢見た人が少なくありません。

私もその1人です。

神奈川県の海沿いに生まれた私は、小学校から中学校まではヨット競技に打ち込んでいましたが、高校生のころにギターと出会い、それ以降、音楽に夢中になりました。

大学生になるとすべてをなげうってバンド活動にのめり込みました。男女仲良く大学生活を楽しむ運動系サークルの友人たちを内心うらやましがりつつ、自分は自分の道を行くと斜にかまえ、音楽や服装の趣味もどんどん尖ったものになっていきました。

渋谷にあったマニアックなレコード店に通いつめ、誰も聞いたことがないようなバンドを発掘しては悦に入っていました。いま考えると罰ゲームのような髪型と服装で街を闊歩し、当時流行ったサーファースタイルの長髪を馬鹿にしていました。

当然、自分たちで演奏する曲も、わけのわからない前衛的なものでした。同じサークルに邦楽のポップスを演奏するバンドがありましたが、あれをやるくらいなら切腹するほうがマシだと真剣に考えていました。

当時の私にとって、**音楽は「自分を表現する手段」だったので、聴く人のことはまるで考えていませんでした**。良いと思えないならそれは聴く人が悪い、というくらいのスタンスです。付き合いでライブを聴きにきた友人や、録音を聴かされた当時の彼女からしたら、まさに悪夢だったことでしょう。

そんな傍若無人が許される才能もなく、バンドはまったく日の目を見ませんでした。インディーズでデビューする知り合いも出てくるなか、挫折感と敗北感に打ちひしがれつつ、才能のなさを直視はできない意気地のなさから、フェードアウトするようにバンド仲間たちと疎遠になりました。そして結局、そのまま音楽活動をやめてしまいました。

❖「観客は何を聴いたら楽しいか」を考える

そこから一気に20年早送りします。

２０１８年、同じようにかつてバンドをやっていたマーケターの友人たちと、知り合いを集めて音楽イベントを開催しました。私もバンドを組んで、ギター＆ボーカルとして出演しました。

そこで演奏したのが、長渕剛さんの曲をパンク風にアレンジしたものでした。でも実を言うと、私は長渕剛さんの大ファンというわけでもなければ、特別にパンクロックが好きなわけでもありません。

演目を選ぶ際に、まず**来てくれるであろう友人・知人の姿**を思い浮かべました。そして、**どうしたら喜んでもらえるかを考えた**のです。

他人のことに関心を持たない人は、苦難の人生を歩まねばならず、他人に対しても大きな迷惑をかける。人間のあらゆる失敗はそういう人たちのあいだから生まれる。

——アルフレッド・アドラー（『嫌われる勇気』で有名な心理学者）

『人を動かす』デール・カーネギー、創元社

その結果、同世代の誰もが口ずさめて、楽しく合いの手が入れられ、アップテンポで体を動かせる曲がいいだろうという結論にいたりました。そこで「パンク風にアレンジした長渕剛さん」です。

ライブは盛況でした。参加者からはいまだに「あのときの長渕、良かったよ！」と声をかけてもらえます。私も非常に楽しめましたし、そのときイベントに参加した人たちとは、いまだに定期的に酒を酌み交わしています。

20年の歳月を経て、私の音楽に対する姿勢が正反対になっているのがわかるでしょうか。**自分からスタートしているか、相手からスタートしているか**です。

私にこの変化をもたらしてくれたのが、他ならぬ「**マーケターとしての視点**」なのです。

マーケターのような生き方
POINT 05

自我を抑えることで、逆に輝き始める人もいる。

相手からスタートする「マーケター視点」で輝く

❖企画は「接待」だ

とは言っても、マーケティングの仕事を始めた途端に、そんな視点が身についたわけではありません。

音楽に未練を残しながらも、なんとなく派手な感じがするというだけで広告の仕事を選んだ私からは、仕事においても「自分を表現したい」という意識が当初まだ抜けていませんでした。それでは思うような結果を出すことができず、暗中模索の日々が続きます。

ターニングポイントになったのは些細な出来事でした。

当時、私は外資系の企業で広告の企画担当をやっていました。

ある日、本社から幹部が来日することになり、その接待を私が担当することになったのです。そのとき外国人の上司から言われたのは、「エンターテインメント」の担当は君がやってくれ、ということでした。

英語では接待のことを「エンターテインメント」と言います。そのときはじめてそれを知った私は、急に視界が開けたような気持ちになりました。

そうか、**エンターテインメントとは接待なのだ**、と。

接待である以上、**スタート地点はあくまで相手**です。相手をよく知り、相手の立場に立って、自分たちにできる精一杯をつくす。それこそがエンターテインメントなのだと心得ました。

広告がカッコよかったり面白おかしかったりするのは、興味を引いて好感を持ってもらい、最終的に商品を買ってもらうために、**まずは相手を楽しませる必要があるから**です。まさにお得意先をゴルフで接待するのと同じ構図です。

それまで私は、自分の発想力やアイデア力を証明することに躍起になっていました。それでは企画が成功するはずもありません。

ゴルフが好きなお偉いさんを、自分が好きだからといって渋谷のクラブイベントに連れて行ったら怒られるでしょう。私は企画でそれと同じようなことをしていたわけです。

❖「相手からスタートする」という気づき

マーケティング関係の本はすでに何冊も読んでいましたが、思い返せば、そこには常に

「**顧客からスタートする**」という視点が貫かれていました。それらをただ読書して満足するだけで、仕事に活かしてこなかった自分を恥じました。

そのことに気がつくと、**目に見えて企画の成功率が上がっていきました**。相手の視点に立って相手を満足させる努力をすれば、「接待」がうまくいくようになるのは当然です。

仕事で成果が出るようになり、業界での知名度が高まると、ヘッドハンターから声がかかるようになりました。定期的に転職のオファーが舞い込むようになりましたが、実際に転職をするかどうかの判断基準も、「どちらが自分を表現できるか」ではなく「**どちらがより多くの人の役に立てるか**」になりました。要は「**迷ったらより多くの人の役に立つことをしろ**」ということです。

こうして自分自身のキャリアも相手からスタートして考え、「**自分を表現する**」**より**「**相手の役に立つ**」**を意識する**ようになると、昇進やステップアップのスピードが明らかに変わってきました。

また、「相手からスタートする」という視点を仕事以外にも広げることで、少し大袈裟に言えば**人生そのものを変えること**ができました。

人前で話すときは、まず聞き手をしっかりと理解し、聞き手が何を求めているかを意識するようになりました。すると、講演や研修講師、番組出演の依頼などを、副業としては受けきれないほどいただくようになりました。

文章を書く際も、読み手の視点から構想し、読み手が求めることを常に意識するようになりました。すると、何気なく書いたブログが注目され、記事の寄稿や連載の依頼をいただくようになり、ついにはこのように本を出版させていただけるまでになりました。

SNSのフォロワーも、数百から数万に伸ばすことができました。

❖マーケター視点は「人生すべて」に生かせる

つまるところ、そうした心がけを通じて、**私は昔に比べずっと「人から必要としてもらえる」ようになった**のです。

まだまだ「成功者」と呼べるようなキャリアではありませんが、学生時代や社会人になりたてのころとは比べ物にならないほどの充実感を日々感じています。

自分に特別な才能がないことは自覚しています。もしあったとしたら、必死に自分を表現しようとしていた学生時代、そして社会人になりたてのころは、決して暗黒時代にはならなかったはずです。

私が「人から必要としてもらえる」ようになれたのは、そんな暗黒時代から現在に至るまでの20年で体得した、**「生きる知恵」としてのマーケティング**のおかげです。そんな生きる知恵を、この1冊の本で余すところなく伝えたいというのが私の思いです。

私はマーケティングを理解することを通じて、仕事の成功に再現性をもたせることができました。そして、それを生き方のレベルにまで広げることで、キャリアプランを見直すことができました。のみならず、個人としての情報発信や趣味も充実させることができました。

こうしたすべてを通して、私は**「自分にしか埋めることができない、世界の欠けたピース」**をいくつか発見することができたのです。

この世界が大きなジグソーパズルだとすると、そこには欠けたピースがいくつもあります。世の中はこれだけ豊かで便利になりましたが、自分ひとりだけを省みても、困っていること、悩んでいること、誰かの助けが欲しいことはたくさんあるでしょう。

そうした誰かの心の穴、そしてその集合体である**世界の欠けたピースを埋めることこそが、「誰かの役に立つこと」に他なりません。**

人の人生は沢山の人の人生と接している。だから、彼がいないと、そこにはとんでもない穴があいてしまうのだよ。

——クラレンス

（映画『It's a Wonderful Life』の老天使。主人公ジョージがいない架空の世界を見て）

映画『It's a Wonderful Life』

ある人の能力と才能は、世界のど真ん中にある大きなピースとぴったり重なるかもしれません。ある人に埋めることができるのは、すみっこにある小さなピースなのかもしれません。

いずれも世界に欠くことのできない、大切なピースであることには変わりありません。

あなたにも必ず、あなたにしか埋めることができない「世界の欠けたピース」があるはずです。

この先、この本を通じて、一緒にそれを見つけていきましょう。

マーケターのような生き方
POINT06

「マーケターのように生きる」とは、自分にしか埋められない「世界の欠けたピース」を見つけていくこと。

どんなにささやかな役割であってもかまわない。僕らは自分の役割を自覚して初めて幸せになれる。

——サン＝テグジュペリ（『星の王子様』の著者）

『人間の大地』サン＝テグジュペリ、光文社

目次

CHAPTER 2

STEP 2

価値を定義する

——「相手が本当に欲するもの」がわかる

STEP 3

価値をつくりだす

——「自分がやるべきこと」がわかる

STEP 4

価値を伝える
——「自分を必要とする相手」に見つけてもらう……222

おわりに

※英文資料（出典を英語で表記）からの翻訳は筆者によります。

THE ESSENCE
OF
MARKETING

PART 1

人の役に立ち、自らの価値を高める「マーケターのように生きる」という思想

CHAPTER 1
マーケティングとは「思想」である

1 マーケティングとは「価値の交換」をデザインすること

「マーケティング」の定義

あらためて、この本はマーケティングの教科書ではありません。マーケティングを自分とは関係がないものだと思っている人にこそ読んでもらい、**生きる知恵としてのマーケティングを「仕事」「キャリア」「人生」に活かしてもらいたい**と思っています。

しかし、**マーケティングとまったく関係がない人というのは、実はあんまりいない**のです。それはマーケティングの「定義」を読み解いていくとよくわかります。ですから、この本で紹介するマーケティングのテクニックは、実際のところは、皆さんの日々のお仕事にも直結するものが多いということになります。

「アメリカ・マーケティング協会」という組織があります。マーケティングというのはアメリカ生まれなので、まさに本家本元です。「定義」を見るならば、まずはその本家本元のものを参照してみましょう。

あらかじめお断りしておきますと、非常に難解な文章が出てきます。しかし、どうぞ取り乱さないでください。はじめは理解できなくても大丈夫です。

【マーケティングの定義】
マーケティングとは、顧客、パートナー、社会全体にとって価値のある提供物を、創造し、伝達し、運搬し、交換する、活動・一連の組織・プロセスである。

非常に難解、というか、ほぼ意味不明ですよね。

でも、さすがは本家本元。よく読むと、じっくり考えつくされた、とても本質を突いた定義なのです。具体例を交えて解説していきますので、一緒に読み解いていきましょう。

この定義ですが、以下の3つのポイントを押さえて読むと、いっきに理解しやすくなります。

【ポイント1】マーケティングとは……活動・一連の組織・プロセスである

マーケティングは、マーケティング部や広告部の仕事だと思われがちです。

しかし、それを実行するのはかならずしも「専門の組織」である必要はありません。というか、そもそも**「組織」である必要すらありません。「活動」や「プロセス」でもいい**のです。

皆さんが**会社でどんな部署にいても、どんな仕事をしていても、その中に「マーケティング」と呼べる「活動」や「プロセス」がある**かもしれないということです。

【ポイント2】マーケティングとは……顧客、パートナー、社会全体にとって

マーケティングというと、「顧客」を相手にしたビジネスの話だと思われがちです。

しかし、**かならずしも相手が「顧客」である必要はありません**。企業が採用活動をする、大学が学生を集める、政治家が投票を呼びかける、慈善団体が寄付金を募る、そのすべてにマーケティングと呼べる活動やプロセスがありえます。

実際に大学などで使われるマーケティングの教科書には、慈善団体や政治団体のマーケティングについても章が割かれています。

【ポイント3】マーケティングとは……価値のある提供物を、創造し、伝達し、運搬し、交換する

それでは、その「マーケティングと呼べる活動やプロセス」とは、具体的に何なのか。

ここがいちばん大事なポイントです。

それは、一言で言うと、**価値をつくって、伝えて、届けて、交換すること**なのです。

❖マーケティングとは「価値をつくって、伝えて、届けて、交換する」こと

あえて「寄付」を例にとって説明してみます。ある動物愛護団体が、地域猫を管理するための寄付金を募るとします。

この団体は「猫が幸せに暮らせる社会」という**価値をつくって**います。それを実現するた

めの仕組みをつくり、活動をポスターなどで**広く伝え**ます。それを見た愛猫家は、自分の持つお金という価値を、この「猫が幸せに暮らせる社会」という**価値と交換**します。団体はそうして集めた資金を使って、実際に猫が地域と共生するための活動を行い、それを支援者たちに報告することで**価値を届けて**います。

一連の活動を通じ、この団体は、価値をつくって、伝えて、交換して、届けていますよね。

つまりこれは「マーケティング活動」なのです。

でも、この団体にはマーケティングの専門組織があるわけではないでしょう。また、この団体がやっているのは、顧客を相手にしたビジネスでもありません。

しかし、**価値をつくって、それを伝え、交換して、最終的に届けるまでをデザインしているという意味において、これはマーケティング活動**であるといえます。

マーケターのような生き方
POINT 07

マーケティングの本質は「価値をつくって、伝えて、届けて、交換する」こと。

マーケティングの4ステップ

そう考えると、皆さんの普段の仕事や活動にも、マーケティングの要素があるのではないでしょうか？　あるいは、お仕事全体がマーケティングそのものであるかもしれません。

マーケティングとは、相手からスタートし、相手の役に立ち、相手から必要とされることだと言いました。

これをもう少し細かく噛み砕いていくと、**相手にとっての価値を生み出し、それを伝え、相手の持つ別の価値と交換してもらうこと**だと表現できます。

相手の役に立つとは、相手にとっての価値を生み出すことに他なりません。相手の持つ価値と交換してもらえるということは、その価値が相手に必要とされている証拠です。

つまり、「マーケターのように生きる」私たちがより具体的に目指すべきは、「**相手にとっての価値を生み出し、それを伝え、相手の持つ価値と交換してもらう**」ことだと言えます。

本書では、この考え方に基づき、マーケティングを次の4つのプロセスに分けて考えてい

楽をしたい？　それなら「自分がやりたいこと」ではなく「自分がやるべきこと」をやりなさい。
――ベンジャミン・フランクリン（アメリカ建国の父の1人）

『Poor Richard's Almanack』Benjamin Franklin, Seven Treasure Publications

ます。

1：市場を定義する
2：価値を定義する
3：価値をつくりだす
4：価値を伝える

「**1：市場を定義する**」とは、価値を提供する相手を誰にするか決めることです。

ある人にとっては値千金のコレクションアイテムでも、別の人にとってはゴミ同然というようなことはよくあります。価値は「相手の頭の中で知覚（意識）」されるものだからです。**自分がつくりだす価値が、いったい誰を相手にしたものなのか**。それを決めることが、すべての出発点です。

「**2：価値を定義する**」とは、相手の求めるものを深く探ることです。

相手が何に困っているのか。相手が何を欲しているのか。それを自分がどのような形で解決したり提供したりできるのか。このプロセスでは、そんなことをじっくりと考えていきます。

「3：価値をつくりだす」とは、定義した価値を実際にカタチにすることです。

当然のことながら、定義しただけでは価値は生み出せません。それを実現するには、商品、サービス、コンテンツとしてカタチにしていく必要があります。

「4：価値を伝える」とは、実現した価値を相手にしっかりと伝えることです。

せっかく相手の課題を解決できる、相手が求める価値をつくりだしたとしても、相手がそれを知らないままでは、結果として相手の役に立つことはできません。

価値を伝えるというのは、**自分が相手の役に立つために欠くことのできないプロセス**なのです。

それぞれのステップについては、この先本書を通じて詳しく解説していきます。ここで感じてもらいたいのは、**この4つのステップが皆さんの仕事にも確かにどこかで関係している**という感覚です。

それがわかると、マーケティングの考え方やテクニックを実践する機会は、意識次第でいくらでもつくりだせます。

私が仕事でもキャリアでもプライベートの情報発信でも、常に相手からスタートして考える（考えてしまう）のは、ある意味マーケターとしての職業病のようなものです。皆さんにもそうした実践を通して、マーケターとしての「ポジティブな職業病」を身につけてもらいましょう。

マーケターのような生き方 POINT08

マーケティングは「市場を定義する」「価値を定義する」「価値をつくりだす」「価値を伝える」の4ステップで行う。

2 マーケティングはあらゆる人の役に立つ「思想」である

「マーケティング」は日本語にできない概念

日本語になった英語はたくさんありますが、その逆もあります。英語が日本語になるとき、あるいはその逆の場合でも、どうしてそういうことが起こるのでしょうか。それは、**それに相当するものが自分たちの言葉には存在しないから**です。

食べ物がわかりやすいでしょう。海苔とか寿司とかは、英語で言うとこれだよね、というものがありません。英語圏にはそれまで似たものすら存在しなかった、まったく新しい食べ物だからです。

同じことが、考え方や思想にも当てはまります。「モッタイナイ」や「イキガイ」はその例でしょう。日本以外にはそれまで存在しなかった、まったく新しい考え方だったがゆえに、日本語が英語としてもそのまま使われるようになったわけです。

日本語がそのまま英語になった考え方・思想の中で、ビジネスの世界でいちばん定着しているのは「カイゼン」ではないでしょうか。

高度経済成長期にトヨタ自動車が世界を席巻するようになると、その生産方式を研究したアメリカの学者たちによって注目されるようになった考え方です。１９８６年にアメリカで出版された今井正明さんの著書『KAIZEN』が、この言葉の普及に大きく一役買いました。

ここで言うカイゼンとは、「全員が」「すべてのプロセスを」「毎日少しずつ」良くしていこうね、という考え方です。

それまで、英語圏の生産現場にはこの発想がありませんでした。プロセスをつくったり変えたりする人と、それに従って動く人は明確に分かれていました。それゆえ、プロセスに従って動く人は、ある意味では機械の一部のような存在でした。

それに対してカイゼンでは、従業員全員が有機的な存在として（人間らしく）、主体的にすべてのプロセスを少しずつ見直していきます。その「少しずつ」が積み重なると、ちりも積もればで、やがて大きな差が生まれます。

その考え方＝思想って新しいよね、これまでなかったよね、ということで、「カイゼン」として英語にも取り入れられるようになったのです。

❖「マーケティング」は日本語には訳せない言葉

「マーケティング」は、この「カイゼン」の逆バージョンです。つまり、**これまで日本語にはなかったので日本語にすることができない、まったく新しい考え方＝思想**なのです。

「カイゼン」はトヨタの生産現場で産声を上げましたが、その適用範囲は生産現場を超えてビジネス全般に広がっていきました。やがて、それは業界を超え他業種にも広がり、さらには心理セラピーやコーチング、行政などビジネス以外の分野にも広がっていきました。

なぜこのようなことが起こるのでしょうか。それは、「カイゼン」が単なる業務のハウツーではなく、深い人間理解に根ざした「思想」だからです。

マーケティングも同様です。主に商品企画や広告宣伝の分野で発展してきた考え方ですが、その狭い領域を超えて、**あらゆる仕事の進め方やあり方を変革する力**を持っています。

相手の視点に立って価値を定義し、それをつくりだし、伝え、交換してもらうことで、自分も相手も物理的に、そして精神的に豊かになる。マーケティングとはそんな「**思想**」なのです。

カイゼンは「カイゼン本部」だけがやっている、というようなものではありません。カイゼン本部でなければやってはいけないわけでも、できないわけでもありません。むしろ、社長から工場のスタッフまで、全員が心がけるべきことです。

マーケティングも同様です。マーケティングの定義を覚えているでしょうか。その中に「マーケティングとは……活動、一連の組織、プロセスである」という言葉がありました。

社長から工場のスタッフまで全員が「相手からスタートする」を心がけるべく、時には組織、時には活動、時にはプロセスの形をとって、**マーケティングという「思想」は会社のあ**

らゆる場所に存在しうるのです。

> マーケターのような生き方
> POINT 09
>
> マーケティングとは、あらゆる職種のあらゆる人が活かせる「思想」である。

マーケティングは「生きる知恵」にもなる

その思想を「生きる知恵」として仕事・キャリア・プライベートに活かそうというのが、本書『マーケターのように生きろ』の提案です。**常に自分ではなく相手からスタートし、相手の求めるところを深く理解し、それを提供することで相手の役に立とうという考え方**です。

「自由主義」や「民主主義」のような思想には、それが正しいか間違っているかということはありません。それに共感するかしないかです。マーケティングという思想も同様です。

1つの思想には、それと対立する思想があります。「小さな政府主義」に対して「大きな政府主義」。「革新主義」に対して「保守主義」。業務の流れを人間の体のような有機的なものと見る「カイゼン」に対しては、機械の部品のようなものと見る「科学的管理法」があります。

❖芸術家のように生きる

マーケティングという思想に対立するものがあるとしたら、それは**「芸術主義」**とでもいうべきものです。「アート」と言ってもいいのですが、アートには「技術」という意味もあるので、それを区別するためにあえて「芸術」としています。

私がここで言う「芸術主義」とは、**「自我」「内なるもの」「才能」**を重視する考え方です。自分の中に眠っている才能を見つけ、それを解き放つことで、世の中にインパクトを与えるのをよしとします。

人が自分に求めることではなく、自分がやりたいことを追求します。「自分は誰かのためではなく、自分のために生まれてきた」という言葉に共鳴します。

「マーケターのように生きる」に対して**「芸術家のように生きる」**生き方とも言えます。これらの2つは、次ページの図表1のように対照的です。

私は、「芸術家のように生きる」を否定しているわけではありません。むしろ過去には信

謙虚であり、かつ野心的である唯一の方法は、他者の利益のために野心を燃やすことかもしれない。

——ジョン・L・ヘネシー
（スタンフォード大学名誉学長、グーグルの親会社アルファベットの会長）

『本物のリーダーが大切にすること』ジョン・L・ヘネシー、ダイヤモンド社

奉していましたし、いまでもカッコイイなという憧れがあります。

多くの人を惹きつける才能を持つ人が、「芸術家のように生きる」を追求し、世の中を変えていく物語には心をうたれます。映画やドラマになるのは、そうした「芸術家のように生きる」人でしょう。だからこそ、それを目指す人が多いのもうなずけます。

個性を重んじ、常識に囚われない発想で時代を動かす異端児がカリスマとして称賛されます。誰もがそういう人を目指すべきという時代の圧力を感じる人もいるでしょう。

図表1　2つの生き方

	マーケターのように生きる	芸術家のように生きる
出発点	相手	自分
目的	相手の役に立つ	自分を表現する
個性	自分だけのやり方で世の中の役に立つことで実現	自分の才能を解き放ち、それを広く世に知らせることで実現
天職	人が求めること（コーリング）	自分がやりたいこと
かけ声	自分にしかできないやり方で、世界の欠けたピースを埋める	自分は誰かのためではなく、自分のために生まれてきた

❖「マーケターのように生きる」という信念

しかし実際には、**「多くの人を惹きつける才能」を持つ人なんてごく少数**です。

そうした才能を持っていない人は、いったいどうすればいいのでしょうか。

「持っている」成功者との違いに打ちひしがれた人、努力の甲斐なく破れた夢を抱え続けながら生きる人、そもそも自分の才能が何なのかなんて、自分ではわからない人。そういう人が輝く方法はないのでしょうか。


あります。それが「マーケターのように生きる」ことです。

自分にしか埋められない、世界の欠けたピースはかならず存在します。「多くの人を惹きつける才能」でこそないかもしれませんが、皆さんにはそれぞれ特別な才能があるのです。

それを見つける方法が、**「自己表現」という呪縛を捨てて「相手からスタートする」こと、つまりマーケターのように生きること**です。


「芸術家のように生きる」人の人生はドラマチックで、見る者の心を打ちます。それは、そうしたアーティストたちが自らの信念に生きているからでしょう。

しかし、同時に、**「マーケターのように生きる」人の人生も負けじとドラマチックだ**と私は信じています。そこには私たちなりの思想と信念があるからです。


ひとつの魂でも救った者は、世界全体を救った者と同等に尊敬されるべきである。

——ヴィクトール・フランクル(『夜と霧』で有名な心理学者)

『フランクル回想録』V・E・フランクル、春秋社そう、**マーケティングとは思想であり、信念**なのです。

> マーケターのような生き方 POINT 10
>
> マーケターのような生き方とは、「多くの人を惹きつける才能」を持たない人が輝くための思想であり、信念である。

「マーケターのように生きる」アーティスト

「思想である」ということは、汎用的であることを意味します。汎用的とは、**あらゆる人や場面に応用できる**ということです。

たとえば「芸術家のように生きる」の総本山のような音楽の世界でも、「マーケターのように生きて」輝いているアーティストがいます。

西野カナさんは、私が敬愛するミュージシャンの1人です。西野さんは、２０１４年11月25日掲載の「Sponichi Annex」のインタビューで、ご自身の作詞プロセスをこう説明していました。

> 先に曲を作ってもらって、その曲のイメージからどういう歌にするか、まずレジュメを書く。次に長い仮タイトルを付けて、主人公を設定して詞を書きだす。詞も凄く長いのを書いて、次にアンケート。これが大事。アンケートを基に添削していく。キーになりそうな言葉はサビとかサビ前後に。タイトルも添削して短くする。

これは、**大手消費財企業が商品を開発するプロセスによく似ています**。

そういった企業にお勤めだった経験はないようですから、これは西野さんのオリジナルの作詞法なのでしょう。大手消費財企業は、何年もかけて失敗と成功を積み重ね、そのプロセスを生み出したわけですから、そこに1人で到達した西野さんには驚きます。

しかし、**成功した大手消費財企業と日本を代表するアーティストが、最終的に同じ結論に達したことには驚きません**。いずれも目指すところは同じだからです。

つまり「良いものを生み出してたくさんの人に喜んでもらいたい」というゴールです。そ

苦しみから抜け出す方法はたった一つ。他の人を喜ばせることだ。「自分に何ができるのか」を考え、それを実行すればよい。

——アルフレッド・アドラー（『嫌われる勇気』で有名な心理学者）

『アルフレッド・アドラー　人生に革命が起きる100の言葉』小倉広解説、ダイヤモンド社

の思いを徹底的に貫いたからこそ、Ｐ＆Ｇやユニリーバは世界的な消費財企業になれたのだし、西野さんは日本を代表するアーティストになれたわけです。

ＳＮＳでは、そんな西野さんの作詞法に批判的な声もありました。西野さんはヒット曲をつくりたいばかりに、アーティストとしての自分の信念を曲げていると考える人がいたのです。西野さん肯定派の中には、音楽だってビジネスなのでプロとしては妥協も必要だという趣旨の意見もありました。

私は、いずれの意見も間違っていると思います。西野さんは**「自分の信念として」アンケートをとって歌詞をつくっていた**のだと考えるからです。信念を曲げていたのではなく、信念そのものが違うのです。

❖「良し悪しの基準」は自分ではなく「相手」にある

同じインタビューで西野さんはこんなことも言っていました。

自分のこだわりに固執するより、いい歌になる方がいい。

この台詞からは、**「いい歌」の定義は自分の外にある**という考え方がうかがえます。それではどこにあるのかと言えば、聴く人の中なのでしょう。リスナーにおもねっているのではなく、**そもそもつくりたい「いい歌」の定義が違う**のです。

ここには、非常に筋の通った骨太な思想が感じられます。いい歌の定義、つまり歌の価値はリスナーの中にこそ存在する。だから、アンケートでリスナーの声を聞いて、それを取り入れることでこそ「いい歌」が生まれる。

それがヒット曲になるのは、「いい歌」をつくりだした結果にすぎません。西野さんはヒット曲をつくりたいのではなく、ただ**自分の信念にしたがって「いい歌」をつくりたいだけ**なのではないでしょうか。

そんな西野さんの生き方の、なんとカッコよくドラマチックなことでしょう。

そして、お気づきのこととかと思いますが、**この思想はまさにマーケティングそのもの**です。

思想としてのマーケティングはとても汎用的です。それは時に世界的な大企業を生み出し、

「もし特殊能力があるとしたら何がいい?」
「人々を癒やす」

——テイラー・スウィフト(ミュージシャン)

「テイラー・スウィフトに73の質問 — ビバリーヒルズの自宅を公開。| 73 Questions」Vaugue Japan(YouTube)

また時に時代を代表するヒット曲やアーティストを生み出します。

大切なのは、**それを思想として掲げ、ブラさずに貫き通すこと**です。

そうすることで、私たちの人生は、「アーティストのように生きる」あの著名人やインフルエンサーに負けず劣らずカッコよく、ドラマチックで、充実したものになるでしょう。

マーケターのような生き方

POINT 11

「マーケターのような生き方」と「芸術家みたいな生き方」は思想の違いであり、そこに優劣や上下はない。

CHAPTER 1

TRY

BUSINESS
ビジネス

あなたの普段の仕事のうち、「マーケティング」だと言えるものをリストアップしてみましょう。

CAREER
キャリア

「芸術家のように働く」か「マーケターのように働く」か、考えてみましょう。

PRIVATE
プライベート

あなたの趣味やボランティア活動などのうち、「マーケティング」だと言えるものをリストアップしてみましょう。

CHAPTER 2 マーケティングとは「人類の英知の結晶」である

1 「相手を理解し、その期待に応える」ために行われた壮大な実証実験

この本では、これまで「マーケターのように生きる」ことの意味を説明してきました。ここからは、それでは**どうしたら「マーケターのように生きる」ことができるのか**を考えていきましょう。

「マーケターのように生きる」とは、常に相手からスタートし、相手を理解し、相手の期待に応えることでした。そんな理想はわかったとしても、それだけでは十分ではありません。

「相手を理解し、その期待に応える」と口で言うのは簡単ですが、「相手とは誰なのか？」「その期待とは何なのか？」「それにどう応えたらいいのか？」と掘り下げていくと、これはなかなか一筋縄ではいかない問題だと気がつきます。


大成功した会社の社長に「成功の秘訣はなんですか？」と聞いたら、「お客様を理解し、その期待に応えること。それだけですよ」などと言うかもしれません。

しかしそれがわかったところで、誰もが同じように大成功できるわけではありません。**「お客様を理解し、その期待に応える」やり方には、ほぼ無限のバリエーションがある**からです。


マーケティングは、**その「やり方」をとことん掘り下げた「実践の知識」**でもあります。

「マーケティングとは思想だ」とお話ししましたが、思想は語られるだけでは意味がありません。それだけだと「空想」になってしまいます。

ユートピアを夢見るだけではなく、**理想を掲げ、それを実現するためにはどうしたらいい**

永続的な成功をおさめている人たちは、周りの人たちに対する奉仕に必死に取り組むことが、そっくりそのまま自分自身のためになるということを自覚している。

——ジェリー・ポラス（『ビジョナリー・カンパニー』著者）

『ビジョナリー・ピープル』ジェリー・ポラス、スチュワート・エメリー、マーク・トンプソン、英治出版

のかまでを掘り下げる。そうした知の営みを、ここでは「思想」と呼ぶことにします。

マーケティングは「空想」ではなく「思想」です。それは実践の知識をともなうものだからです。そして、その実践の知識は、**「相手を理解し、その期待に応える」やり方のほぼ無限のバリエーションを、世界中の企業が何十年にもわたって試行錯誤した、壮大な実証実験の結果**なのです。

企業としても個人としても、それを使わない手はないでしょう。

この先のＰＡＲＴ２では、そんな実践の知識に目を通していきます。そして、それを「マーケターのように生きる」という個人の生き方にまで広げることで、「仕事」や「キャリア」、「人生」がどう変わっていくのかを解説していきます。

マーケターのような生き方
POINT 12

マーケティングとは「相手を理解し、その期待に応える」やり方を、世界中の企業が試行錯誤し続けた結果としての実践の知識である。

2 マーケティングに関する3つの誤解

ＰＡＲＴ２で具体的な「実践の知識」をそれぞれ見ていく前に、まずはその全体像を把握しておくと理解がスムーズです。**マーケティングの本質**＝中心地と、「ここからここまでがマーケティングです」という**守備範囲**を頭に入れておくということです。

しかし、「市場を定義する」「価値を定義する」「価値をつくりだす」「価値を伝える」などと説明しただけでは、今ひとつ具体的なイメージがつかめないのではないでしょうか。マーケティングという言葉は、とかく誤解されがちです。マーケティング嫌いを公言する人がいますが、よくよく話を聞いていくと、単にマーケティングの「本質」や「守備範囲」を誤解しているだけだったりします。

そこでＣＨＡＰＴＥＲ２では、世の中に広がるそうした「**マーケティングの誤解**」を解くことで、マーケティングの本質と守備範囲をより具体的に理解してもらいます。

マーケティングに関する３つの誤解を解いた後は、マーケティングにおける実践の知識のうち、代表的なものを３つ先立って紹介します。そうした実践の知識が、皆さんの「仕事」「キャリア」「人生」をどう変えてくれるかについても、ここで一度、具体例をもとにイメージしてもらいましょう。

誤解１：マーケティングとは広告宣伝のことである
→商品力を高めることもマーケティングである

マーケティングが嫌いだという人の意見を聞いてみると、「マーケティング＝プロモーション」と考えていることが多いようです。

「最近は実力ではなくマーケティングで売れているアイドルなども多いが、歌そのもので勝負している実力派のアーティストが好きだ」。こんな意見をＳＮＳで見かけたことがあります。言わんとしていることはよくわかるのですが、マーケターとしてはモヤモヤする発言です。

おそらくここで言うマーケティングは、握手会だったりＴＶ露出だったり、そうしたプロモーション活動「だけ」を指しています。

しかし**マーケティングとは、どのような価値をつくるべきかを定義するところからスタートし、実際にその価値をつくり上げていくプロセス**でもあります。この場合の価値は「歌そのもので勝負している」と言うときの「歌そのもの」でしょう。「歌そのものの勝負」もマーケティングの範疇なのです。

さらに言うと、せっかく素晴らしい作品を生み出しても、それがしっかりと伝わらなければ、結局相手にとっての価値は実現しません。プロモーションも価値実現の大切な一部なのですが、そのことについては次の「誤解２」で詳しく説明していきます。

❖ 広告宣伝はマーケティングの「一部」にすぎない

マーケティングをあまり知らない人でも、「マーケティングの４Ｐ」を知っている人は多いのではないでしょうか。Ｅ・Ｊ・マッカーシーという人が１９６０年に提唱した考え方です。

今ではやや古くなっているところもあるのですが、いまだにマーケティングの入門書にはよく登場します。以下がその「４つのＰ」です。

プロダクト：商品＝何をつくるか？
プライス：価格＝いくらで売るか？
プレイス：販路＝どこで売るか？
プロモーション：宣伝＝どう知ってもらうか？

プロモーションというのは、全体の１／４でしかありません。

ちなみに、ＣＨＡＰＴＥＲ１でも説明しましたが、この本ではマーケティングを次の４つのプロセスに分けて考えています。

１：市場を定義する
２：価値を定義する
３：価値をつくりだす
４：価値を伝える

４Ｐと比べると「プライス：価格」「プレイス：販路」が抜けており、「プロダクト：商品」

がより細かく3つに分解されています。いわゆる「マーケティング担当者」以外でも活用でき、働き方や生き方にも応用できるよう、より芯に迫った部分だけに煮詰めたバージョンだと考えてください。

プロモーションは「価値を伝える」に含まれますので、ここでも全体の1／4です。

いずれにせよ、**「マーケティング＝プロモーション」というのは大きな誤解**であることがわかったでしょうか。

マーケターのような生き方
POINT 13

プロモーションは、マーケティングの一部分にすぎない。

誤解２：本当にいい商品をつくればマーケティングなんていらない
→「いい商品」なのに知られていないものは山ほどある

この誤解2は、まず誤解1が前提になっています。

実際には、いい商品をつくることもマーケティングの一部ですし、さらには何をもっていい商品とするのか、そこまで遡って考え詰めていくのがマーケティングです。

そこはいったん無視するとして、それでは、本当にいい商品をつくれば広告宣伝は不要なのでしょうか？

それは間違っていると断言できます。

国税庁の『清酒製造業の概況（平成30年度調査分）』によると、全国には１３７１の日本酒酒造メーカーがあるといいます。銘柄数でいうと少なくとも倍以上にはなるでしょう。

デパ地下や旅行先などで偶然出合った日本酒が、びっくりするほど美味しかったということはありませんか？　日本酒メーカーの中には老舗も多いですから、それぞれ何十年、何百年もかけて味を磨いてきたわけです。逸品が多いのもそのはずです。

しかし、私たちはそのうちのいくつを知っているでしょうか？

特別日本酒が好きなわけでもなければ、おそらく片手で足りるほどでしょう。「大ヒット商品」と言えるレベルで、私が思いつくのは「獺祭」「而今」「十四代」くらいです。

それでは、それ以外の商品は「本当にいい商品ではない」のでしょうか。売れていないからといって、精魂込めてつくられた日本酒をそう断じることは、私にはできません。

日本の伝統工芸品にも、つくり手の技と思いの込もった「本当にいい商品」はたくさんあります。それでも、多くの伝統工芸は存続の危機に瀕しています。

「本当にいい商品」でも、それを広く多くの人に知ってもらう機会がないと売れないのは、このことからも明らかです。

❖口コミの裏には「必死の働きかけ」がある

「本当にいい商品」をつくったら、むしろ**「本当にいい商品」であればあるほど、それを多くの人にしっかりと伝えていかなくてはならない**のです。

「しっかりと伝える」ための手段は、かならずしも大きな予算を必要とするものばかりではありません。少額で始められる地域メディアやインターネット広告もたくさんあります。

SNSでの情報発信を何年もコツコツと続け、徐々にファンを増やし続けることで市民権を得たブランドもあります。メディアに取り上げてもらったり、著名人に話題にしてもらうよう働きかけるというのも、1つの手段でしょう。

一見口コミだけで急速に広がったように見えるヒット商品も、その裏には**商品を伝えるための「必死の働きかけ」**があります。行列ができ、なかなか購入できないほど人気になったとあるドーナツ店も、話題になる前は社員総出でテレビ局の前でドーナツを配っていたそうです。情報番組のプロデューサーに偶然出会えるかもしれない、という希望を持って。

そういった「必死の働きかけ」は、通常あまり表に出てきません。「商品そのものの力」を演出したいつくり手側は、そうした必死さをあまり公にはしたくないものです。

だから「口コミで広がった」という結果だけについ目が行きがちですが、**商品をつくり、あとは座して待っていたというヒット商品は、実際にはほとんど存在しません。**

❖ 宣伝を重視した名経営者たち

イーロン・マスク氏らとペイパルを創業したピーター・ティール氏は、起業家のみならず投資家としても著名な人物です。フェイスブックの可能性を早くから見抜き、投資して巨額の富を得たことでも有名です。

そんな彼が、著書『Zero to One』の中で、次のようなことを言っています。

> シリコンバレーのオタクどもは広告やマーケティング、営業といったものに懐疑的だ。表面的で非合理だと思っている。しかし、実際は広告がモノを言う。広告には効果がある。

「オタクども（nerds）」とはずいぶんな言い方ですが、広告を軽視する姿勢がよほど腹に据えかねたのでしょう。

パナソニック創業者の松下幸之助さんも、次のようなことを言っています。

> われわれ商人・産業人には「この商品をあなたがお使いになれば、便利で利益になりますよ」ということを消費者にお知らせする義務がある。その義務を果たすために「宣伝」をするのだ。知らせる価値のあるものをつくって、初めて宣伝の必要が出てくる。宣伝もできないようなものなら、製造をやめねばならん。

スティーブのようなやり方でマーケティングにかかわるCEOはほかにいません。毎週水曜日、新しいコマーシャルやポスター、ビルボード公告まで、一つひとつ、彼が自分でチェックし、承認するのです。

——リー・クロウ（スティーブ・ジョブズの盟友のクリエイティブ・ディレクター）

『スティーブ・ジョブズ』ウォルター・アイザックソン、講談社

これはAERA dot.に２０１８年６月12日に掲載された竹林篤実さんの記事からの引用です。竹林さんは、松下幸之助さんを次のように称しています。

> およそあらゆるビジネスは価値と対価の交換であり、価値を認めるのはあくまでも顧客であることを、商いを始めた当初から幸之助は肌感覚として身につけていたのだろう。

ここまで読んだ方なら、**この考えはまさにマーケティングの本質だ**ということにお気づきでしょう。松下幸之助さんは、日本における「マーケターの元祖」と言えるかもしれません。

マーケターのような生き方
POINT 14

プロモーションは、価値を届けるための「義務」である。

誤解3：顧客の声なんて聞いていたらイノベーションは生まれない
↓「顧客の声」を聞いて生まれたイノベーションは山ほどある

❖スティーブ・ジョブズとP&Gはどちらが正しかったのか

次の言葉は、スティーブ・ジョブズお気に入りの引用句です。

> もし私が何が欲しいかと聞いていたとしたら、人々は「もっと速い馬」と答えただろう。

このセリフの主は誰だかわかりますか？　自動車の父、ヘンリー・フォードです。

自動車が量産される前、人々の移動手段は馬や馬車でした。その時代の人たちにどんな移動手段が欲しいかと聞いて、自動車という新しい価値を即座に想像できたのは、フォードやカール・フリードリヒ・ベンツの先見の明だけだったというわけです。

そして、そんなフォードやベンツの現代版が、スティーブ・ジョブズや盟友のデザイナー、ジョナサン・アイブだということになるでしょう。

しかし、このフォードの言葉をジョブズが気に入っていたという事実だけをもって、顧客の声を聞くことでは決してイノベーションは生まれないと結論づけるのは、あまりに早計です。

実際に、**常に顧客の声に耳を傾けるマーケティング企業であるＰ＆Ｇは、これまで数々のイノベーションを生み出しています**。

家で「粉末洗剤」を使っている人はどれくらいいるでしょうか。若い人の中には、そもそも「粉末洗剤」なんて知らない、という人も多いのではないでしょうか。

今ではあたりまえになった「液体洗剤」は、１９７０年代にＰ＆Ｇが生み出したイノベーションでした。あと何年かしたら、同社の新しいイノベーションである「ジェルボール」が、液体洗剤を忘却の彼方に追いやってしまっているかもしれません。

同社にせよライバルのユニリーバにせよ、消費財大手は大規模な研究開発組織を持っています。顧客ではなく研究室に端を発するイノベーションもたくさんあります。しかし、そうした企業では、ラボで生まれたアイデアでも、必ず顧客との対話を通じて商品化されます。顧客の声を聞くことで、イノベーションはむしろより確かなものになるのです。

スティーブ・ジョブズお気に入りの引用句は、「(人々に)何が欲しいか聞いていたとしたら」というものでした。しかし**現代のマーケティング調査というのは、そんなに単純なものではありません。**

人々に何が欲しいかを聞いた結果、もっと速い馬車を製造してフォードに打ち負かされたメーカーがあったとしたら、それは顧客の意見を聞いたこと自体ではなく、**聞き方に問題があった**ということになります。

❖本当の目的は「顧客を理解する」こと

「顧客の声を聞く」というのは比喩的な表現です。本当の目的は**顧客を「理解する」こと**であり、顧客の声を聞くことはその手段の1つにすぎません。

顧客が言葉にできないことや、意識すらしていないことも含めて「理解する」ために、マーケターはさまざまな手段を駆使します。

その元祖とも言える「モチベーションリサーチ」は、ウィーン出身のエルネスト・ディヒターという心理学者が考案しました。この人は１９０７年生まれで、奇しくも史上初の量産自動車であるT型フォードの1年先輩です。

この世界では、人々が欲しがるものをつくるのがイノベーションなのだ。たとえ、何が欲しいのかがまだわからなくても、だ。

——ジョン・L・ヘネシー
(スタンフォード大学名誉学長、グーグルの親会社アルファベットの会長)

『本物のリーダーが大切にすること』ジョン・L・ヘネシー、ダイヤモンド社

ウィーンではかの有名な心理学者、ジグムント・フロイトのご近所さんだったこともあり、消費者の深層心理を分析して、それをマーケティングに役立てる手法を開発しました。ユダヤ人だったディヒターは、ナチスが台頭するヨーロッパを後にしてアメリカに亡命し、「広告の都」ニューヨークのマディソン街で時代の寵児になりました。

このモチベーションリサーチから生み出されたいくつかのマーケティング手法は、その後、広告の世界でスタンダードになり、今日でも目にすることがあります。

たとえば自動車のマーケティングでは、ほとんど売上に貢献しないスポーツタイプの車が宣伝に使われたり、ディーラーで目立つ場所に展示されたりすることがしばしばあります。これは、ディヒターが１９３０年代後半にクライスラーのために行った調査で発見した洞察に基づいています。

当時メインで車を運転することが多かった、家庭を持つ中年男性は、スポーツタイプのオープンカーに「浮気願望」をくすぐられていたとディヒターは分析します。

スポーツタイプのオープンカーはセクシーで、憧れの対象でありながら、実際に購入することは決して叶いません。それはさながら「禁断の恋」です。そうして中年男性はオープンカーに抗い難い魅力を感じ、ついついディーラーに足を踏み入れてしまうというわけです。

この理論には、いま聞くとだいぶ眉唾もののところもあります。深層心理を何でも「性」に結びつけて考える、当時流行したフロイト心理学の影響がうかがえます。

しかし**重要なのは「単純に意見を聞いただけではわからない、消費者の心の奥を探った」ということ**です。それが結果としてクライスラーを成功に導き、この「スポーツカー＝顧客誘引のためのモデル」という考え方は、今日に至るまでさまざまな自動車メーカーで踏襲されています。

深層心理は、自分でも意識できません。意識していても、他人には決して話さないこともあります。

このとき、家庭を持つ中年男性に、ただ単に「どんな車が欲しいですか？」と聞いていたら、「家族全員が乗れる安全なファミリーカー」という答えしか返ってこなかったでしょう。「どんなディーラーなら訪問する気になりますか？」と聞いて、「浮気願望をくすぐられるオープンカーが展示されている店」と答える人はいるはずもありません。

そうした洞察にたどりつくには、**相手が自覚していても言葉にできないことや、そもそも自覚していないことを聞き出す「心がけと知識」が必要**です。この心がけと知識については、後ほど具体的に解説していきます。

❖カリスマでない人がイノベーションを起こす方法

スティーブ・ジョブズは言わずと知れた天才でありカリスマです。たしかに彼なら、消費者と深い対話などしなくても、多くの人が深層心理レベルで欲していた商品を次々と生み出すことができたのでしょう。

しかし、スティーブ・ジョブズはスティーブ・ジョブズです。「日本にはスティーブ・ジョブズのようなイノベーターがいない」という話をアメリカ人の同僚にしたら、「**アメリカにも1人しかいない**」と言われたことがあります。

それでは、多くの「カリスマでない」人はどうしたらいいのでしょうか。どうすればイノベーションを生み出すことができるのでしょうか。

それには、やはり**顧客からスタートすること**です。本人がわかっていても言葉にできないことや、そもそも自覚すらしていないことまでも含め、顧客を理解するのです。

マーケターのように考えることは、スティーブ・ジョブズのようなカリスマではない人が、小さな、そしてときに大きなイノベーションを生み出す、もっとも確実な方策でもあるのです。

マーケターのような生き方
POINT 15

「顧客の声を聞く」のは、イノベーションに再現性を持たせる1つの方法。

3 もっとも重要な3つの「実践の知識」

マーケティングは、顧客を知り、その期待に応えるための無数のやり方を、世界中の企業が何十年にもわたって試行錯誤した実証実験の積み重ねでした。

「相手を知って、相手の期待に応える」生き方を目指す私たちからすると、そんな人類の英知を活用しない手はありません。ＰＡＲＴ２からは、「４つのステップ」の順に従って、そうした実践の知識を紹介していきます。

ここでは、その中でも代表的で、かつ皆さんの**「仕事」「キャリア」「人生」に直結するも**

のを3つピックアップしました。マーケティングの森に深入りする前に、まずは公園でのオリエンテーションに参加してもらい、代表的な「ギア」の使い方を覚えてもらうことで、その効果のほどを少し先取りして体験してもらいます。

「知覚価値」と「情緒的な価値」

❖相手が感じられない価値は、ないのと同じ

最初に紹介したいのは、「**知覚価値**」と「**情緒的な価値**」という考え方です。

マーケティングというのはとどのつまり、「相手にとっての価値を生み出し、それを伝え、相手の持つ価値と交換してもらう」ことでした。ここでいう価値は「**相手が感じることのできる価値**」を意味します。

逆にいうと、**相手が感じられなければ、そこに価値はない**と考えるのです。このような意味での価値を「**知覚価値**」といいます。

たとえばミネラルウォーターには、大きく分けて「軟水」と「硬水」があります。ミネラル

分が少なくて味がまろやかなのが軟水、ミネラル分が多く味がゴツゴツしているのが硬水です。

同じ軟水であれば、ミネラルが含まれる量に微妙な違いはありますが、それに気づく人はほぼいないでしょう。成分や味の違いは、実際には存在しても消費者には感じられないのです。

このように微細な成分や味の違いは、栄養学的には意味があるのかもしれませんが、**マーケティングにおいては価値の差とは考えません**。

日本で採れる天然水は基本的に軟水です。だから、国産ミネラルウォーターのメーカーは、微妙な成分や味の違いとは別の要素で競合と差をつける必要があります。

❖「価値」とは、機能性だけとはかぎらない

ここでもう一度、「**知覚価値**」について考えてみましょう。

マーケティングにおいては、実際には差があっても、相手が違いを感じられなければ価値にはなりません。裏を返すと、**実際には（モノとしては物理的に）差がなくても、相手が何かしらの違いを感じれば、それは価値になる**のです。

たとえばお洒落でスタイリッシュなイメージの天然水には、「飲んでいると他の人から素敵に見てもらえる」という価値があるかもしれません。エコを追求している天然水には、同じくエコを大事にしている人にとって、「使うことで心が満たされる」という価値があるかもしれません。

このように、使う人にとって「役に立つか」ではなく、**使う人にとって「意味があるか」を問う価値を、マーケティングでは「情緒的な価値」といいます**。この「役に立つ」「意味がある」という言い回しは、著作家の山口周さんの言葉を拝借しています。

スーパーで初めて見た名もない天然水と、「ボルヴィック」や「い・ろ・は・す」がまったく同じ値段で売られていたら、どちらを買うでしょうか。そうした有名ブランドのほうが高くても、価格差がごくわずかだったらどうでしょうか。

多くの人は「ボルヴィック」や「い・ろ・は・す」を選ぶでしょう。味の違いは感じられないのですから、**そこには明らかに何か別の価値があるはず**です。まさにそれが「**情緒的な価値**」です。

❖「知覚価値」「情緒的な価値」を毎日の仕事に活かす

この「知覚価値」「情緒的な価値」という考え方を知っていると、**あらゆる職種で仕事の引き出しがグッと広がります**。

たとえば法人相手に商品のセールストークをするときでも、自分たちから見た商品のウリではなく、相手から見た、相手が感じる価値に焦点を合わせると勝率が高まるでしょう。

自社で製造している印刷機のウリの1つが、競合と徹底的に差をつけた「静音性」だったとします。そこにいちばん苦労したのでぜひアピールしたいところです（**自分が感じる価値**）。しかし、どのみち爆音の機械が工場にあって音を気にしないお客さんには、静音性は何の価値にもなりません（**相手が感じる価値**）。

一方、そのお客さんには、工場内がうるさくてトラブル時のアラート音が聞こえないかもしれない、という不安があったとします。すると、トラブル時のアラートをスマホに送ってくれるという静音機能の1つには、別の意味で価値を感じてくれるかもしれません（**相手が感じる価値**）。

また、法人が相手でも、顧客が価値を感じるのはかならずしも「役に立つ」ことばかりだとはかぎりません。**情緒的な価値にもアンテナを張っていれば、勝率はさらに高まります**。

わたしはイチゴミルクが大好物だが、魚は、どういうわけかミミズが好物だ。だから魚釣りをする場合、自分の好物のことは考えず、魚の好物のことを考える。

――デール・カーネギー（アメリカの作家）

『人を動かす』デール・カーネギー、創元社

たとえばインクなどの環境性能は、生産性や仕上がりを向上させたりはしませんが、地域社会からの評判や経営理念に向き合う上で大きな「意味がある」かもしれません。

このとき重要なのが、「価値」と「課題」は必ずしも連動しているとはかぎらないということです。単純に「課題」を聞き出すだけでは、多くの場合、相手にとっての「情緒的な価値」を見つけ出すことはできません。

たとえば輸入物のおしゃれなミネラルウォーターを選ぶ人は、「自分はあまりおしゃれに見られない」という「課題」を抱えているわけではありません。水を買いにきた人に「お客様の課題は何ですか？」と聞いても、「課題？　うーん、喉が渇いたことですかね」という答えが返ってくるのが関の山でしょう。

このように**「役に立つ」レベルの価値は課題として自覚されやすいですが、「意味がある」レベルの価値＝情緒的な価値は多くの場合、自覚されない**のです。それを「探り当てる」ために、優秀な営業パーソンは「雑談」を駆使するわけですが、それはマーケティング的にとても理にかなっているのです。

このあたりの詳細は後ほど、ＰＡＲＴ２のＳＴＥＰ２でくわしく解説していきます。

マーケターのような生き方
POINT 16

相手が知覚できない差異には、価値がない。
物理的な差異がなくても、違いを知覚できれば価値が生まれる。

「What to Say（何を言うか）」と「How to Say（どう言うか）」

❖相手に合わせて「言うべきこと」を考える

続いて紹介するのが、「**What to Say**（**何を言うか**）」と「**How to Say**（**どう言うか**）」です。

人前でスピーチをするとき、たとえば新入社員を前に人事部門の担当者として挨拶をする場面などを思い浮かべてください。このとき、**自分が何を話したいか、会社として何を伝えるべきかばかりではなく、まずは相手が何を求めているかをじっくりと考える**のがマーケター流です。

もちろん、ただ耳触りのいいことを述べればいい、というわけではありません。新入社員も全員、「成長したい」「会社に貢献したい」「活躍したい」という思いを持っているはずです。その上で何を求めているかを考えるというのが大前提です。

ここで、自分が新入社員だったころを思い返してみます。カジュアルな社風と聞いてはいたけれど、実際にはどの程度カジュアルなのか。細かい礼儀作法がどの程度重視されるのか。最初は必要以上に気になったことが思い出されます。

また、業務を覚えるまでにどれくらい時間をかけていいのかを心配していたな、などという記憶も蘇ってきます。そもそも自分は歓迎されているのか、みんな忙しくてそれどころではないんじゃないかという心配も、心をさいなんだものでした。

それらが新入社員の知りたいことだと仮定すると、「**What to Say（何を言うか）**」は以下のようになります。

・会社が大事にしている、自由と平等を重んじる文化
・は、聞いたと思うけど、実際にもすごくカジュアル。緊張しないで。
・普通、業務に慣れるまで2カ月かかる。みんなそれくらいと考えている。
・全員で皆さんを待っていた。準備を尽くしている。

これらの要素を織り込めば、この時点ですでにだいぶ相手の視点に立った挨拶になります。

❖「どう言うか」に心を配る

しかし、マーケターはここではストップしません。**「How to Say（どう言うか）」を続けて考える**のです。

「理解する」と「腹落ちする」は、別の話です。頭では理解していても、ちゃんと腹に落ちていないと人の心や行動は変わりません。マーケターは**人の心や行動を変えなくてはいけない**ので、それではいけません。

実際に自分が直接言われたと想像しながら、次の台詞を読んでみてください。

シチュエーションは、バイト帰りのファミレスです。大手メーカーに就職した友人に、「話したいことがある」と言われて呼び出されました。海外出張から戻ったばかりだという友人は、唾を飛ばすような勢いで仕事の充実ぶりを語った後、急に表情を変えてこう言いました。

「○○はこの先、いったいどうするの？　いい歳していつまでもフリーター、休みにはゲームばかりしてる。そんなんじゃダメだよ。ちゃんと自己啓発して就職しなよ。言いたくは

「一生、砂糖水を売り続ける気かい？　それとも世界を変えるチャンスに賭けてみるかい？」
——スティーブ・ジョブズ（ペプシコの社長だったジョン・スカリーをくどいた時の台詞）

『スティーブ・ジョブズ』ウォルター・アイザックソン、講談社

ないけど○○のためを思って言ってるんだよ。他にこんなこと言ってくれる人いないでしょ？」

この友人の言いたいこと、つまりWhat to Sayを「理解」はできるでしょう。そんなことははじめから言われなくてもわかっているかもしれません。

しかし、こういう言い方をされたのでは、まったく「腹落ち」しません。結果として、**あなたの心や行動が変わることはない**でしょう。

では、同じく次の台詞を、自分が言われていると思って読んでみてください。

今度は違う友人と休日にショッピングを楽しみ、スーパー銭湯で食事をした後、2人でお風呂に入りながらというシチュエーションです。

「あー、こういうの最高だね！　年をとってもこのコースずっと続けたいね。20年後とか30年後とか、自分たち何してるんだろうね。海外赴任とかして、久しぶりに日本帰ってきてこれやったらちょっと泣くかもな。お互い充実してるといいね。○○はこの先どうするの？」

この友人も伝えたいこと（What to Say）は前の友人と同じです。ちゃんと自己啓発をして就職したほうがいいよというメッセージです。

しかし、この友人は相手のことを本当に心配し、心と行動を変えてほしいと思っているので、**伝え方（How to Say）を工夫**しました。

まず、何より心を開き、話を聞いてもらえる空気・雰囲気づくりを心がけています。心を閉ざされてしまわないよう、決して友人の今を否定しないというポリシーを貫きました。

その上で、相手に将来のことをイメージしてもらい、しっかりしなくちゃ、と自分自身で思い至ってもらおうという戦略を立てました。そうすればしっかり「腹落ち」して行動に移してくれるだろう、と。

前者のアプローチと後者のアプローチのどちらが効果的か、誰が見ても明らかですよね。

商品の売りがとうとうと語られるテレビＣＭ、というのを見たことがあるでしょうか。全国ネットの放送ではあまり見かけないと思います。

そういうコマーシャルがあまり作成されないのは、1つにはそれだと注目してもらえないからですが、もう1つはまさにこのHow to Sayを意識してのことです。商品のウリを直接的に伝えるより、ストーリーや演出にまぶして「読後感」として残すほうが、説き伏せられる感じがしないので、結果としてより腹落ちしてもらいやすいのです。

後者の友人の話は、一見すると何が言いたいのかよくわからないかもしれません。しかし、結果としてあなたの心を動かし、行動を変えることができるのは後者の友人です。多くのテレビＣＭにも同じことが当てはまります。

❖「What to Say」と「How to Say」でスピーチ力を磨く

さて、これらを踏まえ、新入社員へのスピーチを考えるとどうなるでしょうか。伝えたいこと＝What to Sayをおさらいしましょう。

・**会社が大事にしている、自由と平等を重んじる文化**
・**は、聞いたと思うけど、実際にもすごくカジュアル。緊張しないで。**
・普通、業務に慣れるまで２カ月かかる。みんなそれくらいと考えている。
・全員で皆さんを待っていた。準備を尽くしている。

これをそのまま伝えてもいいのですが、どうすればより伝わるようになるでしょう。どうすれば心を動かし、腹落ちしてもらうことができるでしょうか。今回は、この最初の２つのポイントをうまく伝える話の切り出し方を考えてみましょう。

より具体的に伝えるという意味でも、聞き手の緊張を解いて距離を縮めるという意味でも、自分が新入社員だったときの実体験を生々しく話す、という伝え方はどうでしょう。たとえばこんな感じです。

「皆さんおはようございます。緊張しますよね。私もいま、自分の入社初日のことを思い出してちょっと緊張してきてしまいました。私は転職組なのですが、前の会社は外資系だったので、挨拶もカジュアルなんです。社長にもハーイ！　みたいな感じで。

ウチはカジュアルな社風とはいえ、それではマズいだろうと、最初は必要以上にかしこまっていました。廊下ですれ違う人全員に、大声で挨拶していたんですね。

そうしたらある日、チームの人に『外資って逆に軍隊っぽいって聞いたことあるんですけど、本当なんですね』と言われて、あ、これは違うんだな、と。

ふたをあけてみたら、ウチは廊下で偉い人とすれ違っても、堅苦しく挨拶したりはしないんですよね。上層部もあまり礼儀作法にはうるさくないんです」

ウチはカジュアルな社風だから緊張するなと先輩社員に言われ、それをそのまま真に受けて、その場で緊張を解く新入社員はよっぽどの大物でしょう。

その先輩は、本当に心の底から「緊張しないで欲しい」と伝えたいのかもしれません。し

人間と人間の関係は、すべてお得意さんの関係と見ていい。会社で言えば、経営者にとって従業員もみなお得意さんや。

――松下幸之助（パナソニック創業者）

『リーダーになる人に知っておいてほしいこと』松下幸之助述／松下政経塾編、PHP研究所

かし、**直接そう言うだけでは、伝えたいこと（＝What to Say）はなかなか腹には落ちないものなのです。**

❖「What to Say」と「How to Say」は、あらゆるコミュニケーションに応用できる

このWhat to SayとHow to Sayという考え方は、**あらゆるコミュニケーションに威力を発揮します**。子どもに何かを言って聞かせるときに、この違いを意識しているというマーケター仲間もいます。

そうであれば当然、この考え方は、スピーチのみならず**あらゆるコミュニケーションを円滑にしてくれます**。

たとえば他部署に何かお願いごとをするとき、「何を伝えるか」だけではなく、**「どう伝えるか」もじっくり考えて戦略を練る**のがマーケター流です。ともすると相手にとって不利になりかねない事柄は、会議が終わった後の雑談で「いやー、長い会議でしたね。このあとこのまま、昼食でもどうですか？」と切り出し、ランチがてらに相談するのがいいかもしれません。

相手の頭にすんなりと入っていくよう、言葉遣いや表現にも気をつかいます。専門用語な

どはもってのほかです。職場では知らず知らずのうちに使ってしまうものですが、意識してそれらを「つまみ出す」のも、How to Sayの工夫の1つです。

重役や大事な顧客と話すときには、誰もがこういうコミュニケーションの下準備を自然とやっているものです。なぜなら、そういう場合は必然的に「相手からスタート」せざるを得ないからです。

それをすべての人に対してやらない手はありません。そうすることで、**お金も大した時間もかけずに、あらゆるコミュニケーションを円滑にできる**のですから。

覚えているでしょうか。「エンターテインメント＝接待」です。マーケターとして、**すべてのコミュニケーションは「接待＝エンターテインメント」である**と私は心がけています。

マーケターのような生き方
POINT 17

あらゆるコミュニケーションで「What to Say」と「How to Say」を意識する。

どんな分野で働いていようと、あなたには『クライアント』がいて、何かを『買って』もらわねばならないのです。あなたの社内クライアントが部長であれば、あなたが売るのは、自分の企画、提案、視点、価値などです。あなたの社内クライアントが部下であれば、部下が集中してよく考えながら最高の仕事をしてくれるようにするのです。

——ジェイ・エイブラハム（アメリカの経営コンサルタント）

『新訳 ハイパワー・マーケティング』ジェイ・エイブラハム、角川書店

顧客の声を聞く＝2段階で調査をする

最後に、**「顧客の声を聞く＝2段階で調査をする」**という考え方を紹介します。

❖まずは「仮説」を立てる

マーケターが頻繁に行う日常業務に、アンケート調査があります。

マーケティングというと広告宣伝の華々しいイメージがあるかもしれませんが、その裏には常に地道な数字との「にらめっこ」が存在します。

と、ここまではある程度知られているかもしれませんが、さらにその裏にある重要な業務は、あまり知られていません。**「仮説の立案」**です。

仮説がなければ、そもそもアンケート調査で何かを検証することはできません。というより、**アンケートの選択肢は1つひとつが「仮説」**なのです。

たとえば「缶コーヒーを買うときに、何を重視しますか?」というアンケートで、「食事と合う」「カロリーが少ない」「目が覚める」という選択肢があったとします。このとき、「缶コーヒーを買う人は『食事と合う』ことを重視している」という仮説をあらかじめ持っていないと、そもそもこの選択肢をつくることはできません。

それでは、そんな仮説を立てるにはどうしたらいいでしょうか。それにはまた別の調査が必要です。

❖マーケター流の仮説の立て方

もっとも一般的なのは**「デプスインタビュー」**です。何だか難しそうですが、要は**1人（もしくは数人までの少人数）の人にじっくりと話を聞く**ということです。

先ほどの例で、新入社員を前にしたスピーチをするのに、相手が何を知りたいか想像もできない、という人もいるでしょう。新入社員時代なんてもう遠い昔の話だし、いまの人は当時の自分とは価値観が違うかもしれません。

そういう場合は、新入社員か、もっとも新入社員に近い身近な人にインタビューをするのが手っ取り早い解決策です。

インタビューをするのは1人で十分です（多いに越したことはありませんが）。文字どおりインタビューである必要もなく、電話やメール、チャットでもかまいません。ここでは**「仮説」を導き出すことが目的なので、データの統計的な正しさにこだわる必要はありません。**

また、仮説がなかなか思い浮かばないときは、この**インタビューがいい「刺激」になってくれます**。「アイデア」と呼ばれるものの正体は、実はこの「仮説」なのですが、「いいアイデア＝いい仮説」をたくさん思いつく人には秘密があります。**人より多くの情報を「インプット」している**のです。

そうしたインプットは「知識」になるばかりではなく「刺激」にもなって、「アイデア＝仮説」を生み出す大きな手助けをしてくれます。そして相手へのインタビューは、もっとも手軽に実施できる情報インプットの手段なのです。

専門的には、デプスインタビューのような調査に先立っても仮説が必要です。そうでないと、対象を選ぶことも、質問を考えることも本当の意味ではできないからです。しかし、何もないところから仮説を考え出すのは専門家でも難しいので、ここではプロセスを簡略化していることをお断りさせてください。

❖仮説を「データ」で検証する

こうして出てきたアイデアは、その時点ではあくまで「仮説」です。

仮説はデータで裏づけされる必要があります。仮説を考える際に統計的な正しさを気にする必要がなかったのは、それが後ほど「アンケート調査」で検証されるという前提があるからです。**マーケターはこのように「2段階で調査」をする**のです。

この2段階の調査は、まさに「相手を知る」ために試行錯誤を積み重ねてきた人類の英知です。

仮説は「アイデア」ですから、発想を広げて考えなくてはいけません。そのためには可能なかぎり制約を取り払う必要があります。ブレストで批判が禁止されているのと同じ理屈です。「統計的に正しいの?」などという批判は、ここではご法度とします。

しかし、単なる自分の思いつきをそのまま実行していたのでは、「相手視点」とは言えません。「夏用のワンピースなら、こういうのはどうですか?」「白の色味はこういう感じですか?」と、アパレルの店員さんが自らの「おすすめ」を手探りするように、マーケターも自らの仮説について相手とコミュニケーションを重ねていきます。そのための手段がアンケート調査です。

アンケート調査は、プロに設計して実施してもらうに越したことはありませんが、そうすると当然お金がかかります。そんなお金はないという場合も、だからやらないではなく、**手**

弁当でも実施してみることをおすすめします。

たとえばスピーチの後にアンケート用紙を配って、全体的な満足度や何が心に残ったか、他に聞きたいことはなかったかなどを答えてもらいます。「What to say」や「How to say」が間違っていなかったか、その答え合わせをするのです。

スピーチの機会が数日に分けて複数回ある場合や、定期的にある場合は、次回のスピーチまでにアンケートを分析して内容を修正できます。

❖「顧客の声を聞く＝2段階で調査をする」は情報発信に応用できる

この**「顧客の声を聞く＝2段階で調査をする」**という考え方は、ＳＮＳやブログ、YouTubeなどでの情報発信にも応用できます。

まず、どんなコンテンツが求められているのか、相手視点で仮説を立てます。仮説がうまく思いつかない場合は、届けたい相手何人かに直接アプローチして、インタビューをしてみるといいでしょう（**調査の1段階目**）。

たとえば若手のビジネスパーソンを対象にしたいのであれば、会社の後輩を誘って飲みに行くのもいいかもしれません。

私はボランティアで自分より若い方の「メンター（キャリアの相談役）」をしており、「相談に乗ってください」というリクエストがあると、食事をご馳走しながら話を聞いたりしています。

そうした面談はあくまでメンティー（相談者）のための時間ですが、図らずも私自身、若いビジネスパーソンがどんな情報を求めているかというヒントをたくさんもらっています。それを、たとえばこの本の着想に活かしたりしています。

仮説が見えてきたら、それを実際にコンテンツにして投稿してみます**（調査の2段階目）**。インターネットコンテンツのいいところは、その場ですぐに反応がわかることです。その機動力を活かして調査を実施します。普段の平均値と比べて、**反応が良ければ仮説は実証されたこ**とになりますし、**悪ければ反証された**ことになります。同じWhat to Sayを、違うHow to Sayで伝えてみて、伝え方の検証をすることもできます。

マーケターのような生き方
POINT18

まず仮説を立て、次に検証する。どちらの場合も「調査」が必要。

繰り返しになりますが、**マーケティングとは、顧客を知り、その期待に応えるための無数のやり方を、世界中の企業が何十年にもわたって試行錯誤した実証実験の積み重ね**です。

「相手を知って、相手の期待に応える」ことをただ「心がける」だけなら、ここまでこの本を読んだ人なら誰でもできます。

しかし、それをとことん追求し、輝く個性と天職を見つけるためには、**より効率的で洗練されたやり方**を身につける必要があります。

そのためには、**マーケティングという人類の英知をフル活用していく**ことをおすすめします。

ＰＡＲＴ２からは、そんな人類の英知をさらに深掘りしていきましょう。

CHAPTER 2

TRY

BUSINESS
ビジネス

明日の職場の会話で、「What to Say」と「How to Say」を意識してみましょう。

CAREER
キャリア

あなた自身が会社や社会に提供できる「情緒的な価値」をイメージしてみましょう。

PRIVATE
プライベート

SNSで、同じ「What to Say」を別々の「How to Say」で言い分ける実験をしてみましょう。

HOW
MARKETERS
THINK AND ACT

PART 2

仕事もキャリアも人生も好転する「マーケターのような生き方」4ステップ

STEP 1 市場を定義する
——「自分がもっとも輝く場所」が見つかる

1 なぜ「市場を定義する」のか？

すでに2回登場していますが、この本では、マーケティングを以下の4つのステップに分けて考えています。

1：市場を定義する
2：価値を定義する

3：価値をつくりだす
4：価値を伝える

ここからは、それぞれのステップにおける「**相手を知り、その期待に応える**」ための**実践の知識**を、さらに深掘りしていきます。

「市場を定義する」とは何か

はじめに「**市場を定義する**」です。「市場を定義する」とは、**価値を提供する相手を決めること**です。

マーケティングにおいては、価値は自分ではなく相手が決めるものでした。競合製品と比べ実際には差があったとしても、相手が感じることができなければ、それは価値とは考えられません。また、何をどう感じるかは人によって異なります。

つまりこれは、**価値は提供する相手によって変わる**ということを意味します。

この先の工程で価値を定義し、それをつくりだし、伝えていくわけですが、「**そもそも誰にとっての価値なのか？**」が定まっていないと、最終的に提供する価値がまったくの見当違いということにもなりかねません。

「マーケターのように生きる」とは、相手からスタートすることだと繰り返し言ってきました。そしてここで考えていくのは、**その「相手」とはそもそも誰なのか、という根本的な問題**です。

誰を相手とすれば、**自分を最大限に活かし、なるべく多くの人の役に立つ**ことができるでしょうか。「全人類」を相手にできれば理想的ですが、地球を救うスーパーヒーローでもないかぎり、もちろんそういうわけにもいきません。

ウォールストリートの証券マンからアマゾンの奥地に住む人たちまで、全人類の課題を広くあまねく解決する商品というものは、めったに存在しません。企業が自分たちの商品で誰かを幸せにしようと考えるとき、その**「誰か」は特定のグループに絞られる必要があります。**

人の場合も同様です。仕事にせよプライベートにせよ、誰かの役に立ちたいと考えるとき、相手にできる人は一定の範囲に限定されてしまいます。

その中で**誰を相手にするのが、もっとも多くの人に自分を役立ててもらうことにつながるのか**。それが「マーケターのように生きる」私たちが、「市場を定義する」ということの意味です。

> マーケターのような生き方
> POINT 19
>
> **まず「自分が価値を提供する相手」を誰にするかを決める。**

「自分ができること」と「相手にできる人の多さ」のバランスをとる

仕事のかたわら、副業でYouTuberをやってみることを想像してみてください。

このとき、**最初の分かれ道は「芸術家のように生きる」か「マーケターのように生きる」か**です。

「芸術家のように生きる」のであれば、自分を表現するべく、ただ心の燃え立つままにやりたいことをテーマとして選ぶでしょう。それは戦前のクラシックピアニストの演奏レビューかもしれませんし、トルストイの描くロシアの政治体制に関する研究発表だったりするかもしれません。

「マーケターのように生きる」のであれば、相手＝視聴者が求めるであろうテーマを選びます。

迷える学生や新社会人のために、キャリア構築のアドバイスをするのがいいかもしれません。自分の専門分野が「特許」なら、その知識を活かしてビジネスパーソン向けに特許制度をやさしく解説するのもひとつです。

この本では当然「マーケターのように生きる」でいくわけですが、その際にポイントになってくるのは、**「自分ができること」と「相手にできる人の多さ」のバランス**です。

「コンテンツの独自性」を意識するあまり、多くの人がこの場合、「自分ができること」に重きをおいて考えがちです。先ほどの例で言うと、「キャリアのアドバイスは誰にでもできるけど、特許の解説は自分にしかできない、だから特許解説でいこう」という思考回路です。

実際の特許解説と動画の編集技術には自信があって、わかりやすく、独自性があり面白い動画をつくりだせたとします。コンテンツの完成度は高いわけです。しかし、「特許の仕組みを知りたい、気軽に学びたい」という人は、YouTube視聴者の中ではおそらくそう多くはありません。興味を持って見にきてくれる人の数は限定的でしょう。

そうなると問題は動画の質ではないわけですが、「視聴者が少ない↓もっとクオリティを上げねば」と報われない努力を繰り返してしまうという事態に陥りがちです。

「市場を定義する」という視点を持たない人がハマってしまう、典型的なトラップです。

そこで、それでは「キャリア支援」をテーマにしてみたらどうか、相手にできる人はどれだけ広がるか、などと考えていくのが「市場の定義」です。特許法務というちょっと特殊な経歴を活かし、「スペシャリストのキャリア」をテーマにしてみるなど、**「市場の大きさ」と「自分にできること」のバランスを調整していく**のです。

マーケターのような生き方
POINT 20

市場を選ぶときは、「市場の大きさ」と「自分にできること」のバランス調整に気を配る。

可能なかぎり大きな市場を選ぶ

世界一のYouTuberと言われるPewDiePie（ピューディパイ）の人気コンテンツは、ゲームの実況中継です。日本のYouTuberの第一人者であるＨＩＫＡＫＩＮさんのチャンネルでも、ゲーム実況は人気ですよね。

コンテンツは独自性が大事だとよく言われますが、「ゲームの実況」自体には、ほぼ独自性はありません。誰にでもできますし、やっている人もすでにたくさんいます。

しかし**圧倒的に「市場が大きい」**のです。

ＨＩＫＡＫＩＮさんは得意のボイスパーカッション動画からチャンネルをスタートさせましたが、その後、ゲーム実況を含むその他のジャンルに活動の幅を広げてきました。

これは、チャンネル登録数の拡大を考えたときに、**「市場の大きさ」を意識した結果**なのではないでしょうか。

ボイスパーカッションだけでは、どんなに技を極め動画の質を高めても、きっと登録者数は早い段階で頭打ちしてしまっていたでしょう。

一方YouTubeでゲーム実況を楽しむ人は多いので、「他ではないＨＩＫＡＫＩＮさんのゲーム実況」を聞きたいと思う人の数は、はじめから相当数いたのではないでしょうか。

たしかにライバルは多いですが、**興味を持ってくれる人の分母も大きい**。だから、たとえ同業者と視聴者を取り合ったとしても、相手にできる人の数はボイスパーカッションよりずっと多いということになります。

もちろん、これには冷静な自己分析も必要です。

ライバルがひしめく中でも、ゲーム実況で注目してもらうには、当然いくつか必須の能力があるはずです。自分はその能力を持っているかという分析は、当然あってしかるべきです。すでにある自分の知名度をどう活用するかという算段もあったことでしょう。これらを総合的に考慮した結果、ＨＩＫＡＫＩＮさんはゲーム実況という「より大きな市場」に打って出たのではないでしょうか。

「自分を活かして人の役に立つ」ことを考えたとき、独自性に注目して少人数に向き合うのと、求める声の大きさに注目して大人数に向き合うのでは、どちらがより相手視点でしょうか。

「マーケターのように生きる」人なら、結果として**自分がより多くの人の役に立てるよう、大人数との向き合い＝大きな市場を選ぶ**ことでしょう。

できるだけ多くの人に、できるだけの多くの幸福を与えるように行動するのが、吾人の義務である。

――渋沢栄一（実業家、新しい1万円札の顔）

『人生をひらく　渋沢栄一』前田信弘編著、日本能率協会マネジメントセンターゲーム実況を始めたＨＩＫＡＫＩＮさんの頭の中を勝手に想像してしまいましたが、実はこのような考え方は、マーケターが市場を選ぶ考え方によく似ています。ここからはそんなマーケターの頭の中を覗き見して、その特徴をつかんでいきましょう。

マーケターのような生き方 POINT 21

自分が貢献できる範囲内で、なるべく大きな市場を選ぶ。

2 「市場を定義する」マーケターの思考と技術

「切り口」を探す

「市場を定義する」とは、価値を提供する相手を決めることでした。この先の工程で価値を定義し、それをつくりだし、伝えていくわけですが、「そもそも誰にとっての価値なのか？」が決まっていないと、その土台の部分がグラグラになってしまいます。

もっとも、この「誰に」というのは比喩的な表現です。**実際の相手は1人の人ではなく、「人の集団」**です。この集団をどう分類するかが、実は市場の定義における最初の考えどころなのです。

商品のお客さんを定義しなさいと言われると、大半の人が「どの集団を相手にするか」から考えはじめます。10代後半の女性、20代前半の新社会人、子どもが巣立ったシニア層などなど。

しかし、このとき皆さんは、気づかぬうちに「ある特定の分類」を使っているのです。**「デモグラフィック（デモグラ）」と呼ばれる「性別・年代」のくくり**です。たしかにこれは、マーケティングにおいて相手を分類するときの定番です。

❖性別・年代に縛られない

しかし、**人の集団を分類する切り口は、この「デモグラ」以外にもたくさんあります。**ジオグラフィック＝居住地域だったり、サイコグラフィック＝趣味嗜好だったり。

まずはそこから、つまり「どの集団を相手にするか」ではなく、**「どのように集団を分類するか」から考えていくのがマーケター流**です。

高校のクラスメートを分類する場合を考えてみましょう。男女でくくる、成績でくくる、出身の中学校でくくる。このあたりが普段、職員室で使われている生徒の分類ではないでしょうか。

でも、生徒たちはそんな表面的な分類で友達を見てはいないはずです。あの子は成績がいいから友達になりたい、なんて高校生はまずいないですよね。

服や音楽の趣味、恋愛経験、目立っているかどうか、イケてる部活に所属しているかなどなど、生徒たちは皆、独自の切り口でクラスメートを分類しています。

マーケターは、先生たちより生徒たちに似ています。誰もが思い浮かべる一般的な分類ではなく、**独自の切り口でお客さんを分類しようとする**のです。

❖「新しい切り口」を考える

みんなが使っている切り口でばかり勝負をすると、大きな集団にたくさんの商品が集中し、結果として役に立てる相手の数が少なくなってしまうかもしれません。

たとえば、缶コーヒーは従来「働く世代の男性」を相手にしてきました。

例によってデモグラという分類を使っているわけですが、ここでの競争が激しくなってきたときにまず考えられるのが、同じ分類で対象をズラすというアプローチです。対象を女性にしたり、男性でも学生にしたりするのです。

しかし、これは通常、あまりうまくいきません。競合商品はその分類でいちばん見込み客が多い集団に集中するのが常なので、そこを避けると市場の規模が小さくなってしまうのは必然です。

そこで新しい分類です。

たとえば、缶コーヒーを飲む「**場面**」で分類したときに、もっとも多くの人がいる「朝」に注目して、「朝飲むのにぴったりの缶コーヒー」を開発したりするのです。これはアサヒ飲料が「ワンダ」で採用したアプローチですが、非常にクリエイティブな市場の新分類と言えるでしょう。

❖イノベーションは「新しい市場の定義」から生まれる

このように市場の定義で新しい相手を設定すると、**新しい価値を考える**必要が出てきます。

実は**ここにこそイノベーションの出発点があったり**もします。

１９８０年代のはじめまで、パソコンメーカーは「パソコンマニア」を相手に商品を開発してきました。

１９８４年に登場したアップルのマッキントッシュは、より幅広いユーザーにパソコンの門戸を開き、新しい相手として「デザイナー」や「クリエイター」を加えました。アップル製品の代名詞とも言える外観の美しさやフォントへのこだわり、質の高い同梱のクリエイター向けソフト（当時はペイントソフト）などは、それに応じて生まれた新しい価値であるとも言えます。

同社は１９９７年に創業者のスティーブ・ジョブズがトップとして復帰すると、斬新なデザインと豊富なカラーバリエーションがウリのパソコン「iMac」で復活の狼煙をあげました。この商品は広く「一般家庭」を相手にしたものでした。いわばパソコンを、ある種の「家電」と位置づけたのです。当時はまだパソコン＝理系の仕事道具というイメージが強かった時代です。

iMacはパソコンの常識を覆す、革新的な商品でした。しかし、その凝ったデザインやカラーバリエーションは、当時でも「家電としては」珍しいものではなかったでしょう。あまり目立たず、さして場所をとらないトースターでさえ、インテリア性の高い凝ったデザインの商品が売り場にはたくさん並んでいます。

iMacの革新性の本質は、パソコンをある種の家電ととらえた「市場の定義」にあったとも言えます。

❖新しい切り口を生み出す思考法

「朝飲む缶コーヒー」や「パソコン＝家電」のように独創的に、既存の分類にとらわれず市場を定義するための、とっておきのコツがあります。それは**「ライバルを見つけ出す」**という視点で考えることです。

飲料メーカーの商品開発担当になって、新しい缶コーヒーをつくるとしましょう。

ライバルは誰かと問われてまず真っ先に思い浮かぶのは、いわゆる「缶コーヒーブランド」だと思います。また、最近ではコンビニのドリップコーヒーも強力なライバルとなるでしょう。ドトールコーヒーなど専門店のドリップコーヒーも、テイクアウトの場合はライバルになり得ます。

あのとき、すべてが用意され、パッケージとなったはじめてのコンピュータを作ろうと思った。自分でコンピュータを組み立てるのが好きなマニア、トランスやキーボードを自分で買える人たちだけを狙うんじゃだめだ。そういう人ひとりに対し、すぐに使えるマシンなら欲しいと思う人が1000人はいるはずだ、と。

――スティーブ・ジョブズ（アップル創業者）

『スティーブ・ジョブズ』ウォルター・アイザックソン、講談社

ここからさらに、**ライバルを「見つけ出して」いきます**。

スターバックスコーヒーのテイクアウトはどうでしょう。ドリップコーヒーは当然ありうるとして、「マキアート」や「フラペチーノ」などの独自商品はライバルにはならないでしょうか？　一見するとまったく客層が異なりそうですが、携帯できるコーヒー系飲料という点ではよく似ています。

ここで「スタバの◯◯マキアート」を買う人がどんな価値を求めているのか、ちょっと想像してみましょう。その価値を自分たちでも提供できそうであれば、**新しいライバルを「見つけ出した」**ことになります。

単に何か飲み物がほしいだけなのであれば、コンビニなら食事ができるくらいのお金を払って、わざわざスタバのテイクアウトはしないはずです。そこで、スタバは単なるドリンクなのではなく、ちょっとした休憩の合間に楽しむスイーツなのだ、と想像してみます。「1人で楽しめるスイーツ」という感覚です。

この感覚を缶コーヒーでも提供できれば、スタバをライバルとすることもできそうです。たとえば、「仕事の小休止にスイーツ感覚で楽しめる缶コーヒー」という立ち位置はどうでしょうか。

実はこのとき、**私たちは気づかぬうちに、まったく新しい切り口でお客さんを分類している**のです。

「性別・年代」から離れ、「食に関する趣味嗜好」「食習慣」で消費者をくくっています。「仕事や勉強の合間に1人でスイーツを楽しむ人たち」は、男性にも女性にも、若い人にも年配者にもいます。「デモグラ」という枠組みで考えていたら、そういう分類は永遠に出てきません。

重要なのは**ライバルを「見つけ出す」という感覚**です。

このときのポイントは、1人でやるにせよチームで議論するにせよ、まずはブレストの要領でなるべく多くのライバル候補を洗い出すことです。その上で類似のものをグルーピングし、絶対に実現不可能なものを排除してから、「相手はどんな価値を求めているか」「それは自分たちに提供できるか」という視点で候補を絞り込んでいきます。

そうして**新たなライバルを見つけ出したとき、マーケターはそこに新たな市場を見出す**のです。

ルーツに立ち返れ、オールインワンの消費者家電とした1984年の初代マッキントッシュに立ち返れというわけです。

――フィリップ・シラー（アップルの元副社長、iMacの製品開発をふり返り）

『スティーブ・ジョブズ』ウォルター・アイザックソン、講談社

マーケターのような生き方
POINT 22

顧客を「新しい切り口」で切って新しい市場を定義することで、イノベーションの端緒をつかむ。

5つのポイントで市場の有望性を評価する

ここまで考えたとき、マーケターは２つ目の問題に直面します。

「缶コーヒー市場」を抜け出して「１人で楽しむスイーツ市場」に打って出ることが、はたして本当に正しいのかという疑問です。

この問題を考えるときは、次の５つの視点が役に立ちます。

・市場の大きさ：市場規模
・市場が毎年どれだけ大きく（小さく）なっているか：成長性
・どれくらいライバルがいるか：競合環境
・自分たちの能力が活かせるか：関連性

・自分たちの他の活動との相性はどうか：既存事業とのシナジー

1つずつ見ていきましょう。

❖市場の大きさ：市場規模

言葉のとおり、AとBではどちらがより大きな市場なのか、ということです。**相手にできる人の数がどれだけ多いか**とも言い換えられます。他の条件がすべて同じなら、当然**より大きな、少しでも大きな市場を選択するべき**です。

通常、専門的な調査をして規模を推定しますが、インターネットで検索すると国や業界団体、シンクタンクなどが調べたデータが公開されていることも多々あります。

この本はマーケティングの教科書ではないので、では実際にどちらがどうなのかという話には深入りしません。そうした具体的な方法論に興味のある方は、ぜひ市場調査の入門書・専門書を読んでみてください。

ここで身につけてもらいたいのは、ここで紹介する視点をもって、**価値を提供する相手について一度立ち止まってじっくり考えてみる習慣**です。

「缶コーヒー市場」と「1人で楽しむスイーツ市場」では、規模でいうとどちらが大きいのかな、だいたい同じくらいなのかな、などとイメージし、簡単にネットで調べるだけでも、自分の選択が変わってくることが実感できるはずです。

❖市場が毎年どれだけ大きく（小さく）なっているか：成長性

次に成長性です。サイズは大きくても、ここ数年で急激に小さくなってきている市場があるかもしれません。その逆もしかりです。他の条件がすべて同じなら、**より成長性の高い市場を選ぶのが定石**です。

規模が大きいけれど毎年どんどん小さくなっている市場は、初期投資を回収するのに時間がかかるような商材では考えものです。逆に短期で売り切ってしまうような商材だと、市場がこの先どうなるかは、あまり重要ではないかもしれません。

これだけ言うと、「市場は大きさだけにとらわれず成長性もチェックするべき」というメッセージに聞こえるかもしれません。しかし、注意が必要なのはむしろ逆のケースだったりします。

つまり、**成長性にとらわれて、つい大きさを見誤ってしまう**という問題です。

衰退している市場は実際より小さくイメージされることが多く、成長している市場は実際より大きくイメージされることが多いものです。

たとえば、一般家庭へのＦＡＸの普及率はどれくらいだと思いますか？　２０１７年の総務省の調べでは約35％です。これは、ドラム式洗濯機や食器洗い乾燥機の普及率よりも高い、ということになります。多くの人がその逆をイメージしていたのではないでしょうか。インターネットの波に押され衰退している産業なので、その利用者の基盤は小さくイメージされがちですが、ＦＡＸはまだ意外と使われているのです。

市場の大きさに関するイメージには、このように**いくつもの思い込みや偏見が重なっている**ことを自覚し、なるべくファクト（事実）を見て対象を比較するように心がけます。

❖どれくらいライバルがいるか：競合環境

ライバルは少ないにこしたことはありません。いなければベストでしょう。

しかし、大きくて、急成長していて、ライバルも少ないという市場は当然、めったに存在しません。ここで重要なのはその３つのバランスを考えることです。

その際に注意が必要なのが、**独自性＝競合の少なさを過剰に、市場の大きさを過小に評価してしまう**という問題です。

ＩＴ企業を経営している知人に聞いたのですが、経験豊かなＩＴ経営者ほど「普通に流行っていること」を躊躇なくやるそうです。モバイルゲームが大流行していれば、たとえ後発で、すでにライバルがいようと、そこに参入します。

逆に経験の浅いＩＴ経営者は、まだ誰も進出していない領域にこだわるあまり、「競合もいないけれどお客さんもいない」サービスを考えがちなのだそうです。

「なるべく多くの人の役に立つ」ことを目指すとき、すでに誰かが手を差し伸べている人より、誰の支援もなくサポートを待っている人を相手にするほうが望ましいでしょう。

その意味で競争はできれば避けるべきですが、かといって自分にも手助けできる１０００人に背をむけ、１人を相手にするのも得策ではありません。そこはバランスの問題です。

競争が激しくても、規模が大きく自分たちが満足させられるお客さんがまだそこに十分いるのであれば、そこでの勝負をためらうべきではありません。

❖自分たちの能力が活かせるか：関連性

これまで市場の大きさ、成長性、競合環境と、価値を提供する相手方の分析を続けてきました。マーケティングとは相手からスタートすることだとお話ししてきたとおりですが、相手に提供できる価値を最大にするには、**自分たちの能力**も省みる必要があります。

同じような大きさ、成長性、競合環境なのであれば、**自分たちの能力を活かせる市場のほうが、より多くの人を満足させられる**でしょう。より多くの人を満足させられれば、より多くの見返りが得られます。最終的にいかに多くの人を満足させられるかは、これらすべての要素の掛け算なのです。

自動車メーカーが電気自動車をつくるのはあたりまえのことのように思われるかもしれません。しかしモーターで動く電気自動車と内燃機関で動くガソリン車は、まったく別の機械といってもいいものです。

日本を代表する自動車メーカーであるスバルやマツダ、世界一の自動車メーカーであるトヨタまでもが、これまで純粋な電気自動車を開発してこなかったのは、おそらくそんな「掛け算」の結果でしょう。

エンジンの中で起こる「爆発」を制御しなくてはならないガソリン車を開発するには、電気自動車とは比較にならないほどたくさんの部品が必要です。そうした部品を組み合わせる技術に長けた日本のメーカーは、その能力をフルで活用したいがゆえに、ガソリン車やそれをベースとしたハイブリッド車にこだわっているという見方もできます。電気自動車の市場はまだまだ小さいことも考え合わせると、それは至極合理的な判断と言えるでしょう。

❖自分たちの他の活動との相性はどうか：既存事業とのシナジー

最後に「**既存事業とのシナジー**」です。シナジーとは、１＋１が2以上になることです。

ザ・ウォルト・ディズニー・カンパニーは、このシナジー経営で有名です。同社は大きく映画事業、テーマパーク事業、グッズ販売事業などを手がけています。注目すべきは、映画とテーマパークとグッズ、それぞれがお互いを援護しあっている点です。

映画を見て好きになった人は、グッズを買いに行くでしょう。また、テーマパークでその世界観を実体験しに行きます。すると、ますます映画の世界にはまり込み、ブルーレイやＤＶＤを購入したり、続編を待ち望むようになります。

このように、グッズ販売事業やテーマパーク事業は、映画事業にサポートしてもらいつつ、同時に映画事業をサポートしているのです。

既存のビジネスがあって新しいビジネスを始める場合、この「シナジー」が生まれやすいかという点も、市場を評価するポイントになります。**その市場に参入することで1＋1＝2以上の価値が生み出せるのであれば、それは大きな加点ポイント**になります。

さて、これで5つの項目すべてが出揃いました。

全部をしっかりとチェックしていくのは大変だな、と思われたかもしれません。

でも、心配する必要はありません。最初にお話ししたように、ここで理解してもらいたいのは、**市場を選定するにはこのようなポイントがあるという「ものの見方」**です。

すべてを事細かに分析していくのではなく、こうした視点を頭に入れて、一度立ち止まって考えてみる。それだけで、「相手」を選ぶ皆さんの判断はいい方向に変わってくることでしょう。

マーケターのような生き方 POINT23

①市場規模、②成長性、③競合環境、④関連性、⑤既存事業とのシナジーの5つの視点で市場を評価する。

3 「市場を定義する」を仕事、キャリア、人生に生かす

「市場を定義する」は、普段の仕事にもつかえるテクニック

このＳＴＥＰ１の前半では、マーケターが市場を決める際の考え方をのぞき見し、その特徴をつかんできました。

ここからは、マーケターではない皆さんが、**この考え方を日々の仕事や生活にどう活かしていくか**について説明していきます。

❖ 自分にとっての市場を定義する

「市場を定義する」ための考え方やテクニックは、もともとは商品開発や新規事業開発の担当者のために生み出されたものです。それ以外の人にとっては、普段のお仕事において「誰を相手にするか」は、あらかじめ決まっていることが多いでしょう。

たとえば、高級車のセールス担当が営業をかけるのは、その車が相手にしている「富裕層」とあらかじめ決まっています。社内でプレゼンテーションをする、結婚式などでスピーチをするなどといった場面でも、聴衆はあらかじめ決められています。

しかし、そうしてあらかじめ決められた相手のうち、「セールス担当」や「新婦友人代表」などといった皆さんの役割において、**その全員を相手にする必要は、かならずしもありません**。あるいは、何らかの制約があり、全員を相手にすることが「できない」かもしれません。

また、あらかじめ決められている相手が、意図的に曖昧に定義されていたり（それこそ「富裕層」などと）、意図せず曖昧に定義されていたり、そもそも定義されていない場合もままあるでしょう。

そういった場合に、**「自分なりに細かく市場を定義する」ことからスタート**すれば、ミッション成功の確率は高まります。

❖テレビCMの「相手」を毎回定義するわけ

実際に、マーケターが広告の企画を考えるときは、この「市場の定義」をほぼ毎回実施します。宣伝する商品自体にあらかじめ相手が設定されているはずなのに、です。一般的には**「ターゲットの設定」「ターゲティング」**と呼ばれる工程です。

ちなみにこのターゲットという言葉ですが、この本では意図的に使っていません。もともとは射撃などの「標的」という意味なのですが、相手ではなく自分本位で、かつ相手をモノと見るような表現なので、この本の考え方にそぐわないと考えるためです。

さて、広告において毎回「市場の定義」が必要なのは、そもそも商品の相手方が明確に定義されていないという場合もありますが、以下のようなポイントを考慮してということが多いです。

・その商品が相手にしている人たち全員に広告を**出す必要はない**
→広告がなくても伝わる人たちがいる、一定の人たちにはもう十分に伝わっている、など
・その商品が相手にしている人たち全員に広告を**出すことができない**

↓全員に到達できるメディアがない、予算に制約がある、など

これらのことを考慮した上で、この商品の相手にはいろいろな人がいるけれど、**「特にこの広告で」相手にしていくのは誰なのかを最初に定義する**のです。

> **マーケターのような生き方**
> **POINT 24**
>
> 普段の仕事の中でも、「自分なりに市場を定義する」ことを意識する。

「市場を定義する」をスピーチに応用する

このような考え方は、たとえば新卒の新入社員が集まった場所でスピーチをする、などという場面にも応用できます。

スピーチの聴衆はあらかじめ決まっていますが、**その全員を本気で向き合う相手とする必要はない**かもしれません。

私は広告でダヴを手が汚れた男性のための洗浄用品と位置づけることもできたが、乾燥肌の女性のための化粧用品と位置づけた。

――デイヴィッド・オグルヴィ（現代広告の父）

『Ogilvy on Advertising』David Ogilvy, Prion

また、いろいろなタイプの聴衆がいればいるほど、全員を満足させるのは難しくなります。

そこで、**自分がなるべく多くの聴衆の「役に立つ」にはどうしたらいいかを考え、あえて相手を限定する**のです。

その際、このＳＴＥＰ１で解説した「市場を定義する」の視点が役立ちます。

❖切り口を考える

まずは、聴衆がどのように分類できるのかをよく考えてみます。

男女、国籍、理系文系などという人事のファイルにラベルづけされた切り口だけではなく、聴衆の中に隠れている**「目に見えない分類」**も探り出そうと試みます。

たとえば、今後のキャリアに関する考え方において、新入社員の中には以下の３つのグループがいると仮定してみます。

１：とにかく早く出世したいバリキャリグループ
２：ワーク・ライフ・バランス（ＷＬＢ）尊重グループ
３：明確なスタンスが決まっていない様子見グループ

❖ 市場を評価する

このうち、人数としていちばん多く、かつ自分がもっとも「響く」話をしてあげられそうな人たちは誰かを考えていきます。

１番目のバリキャリグループは、いまの時点ではいたとしても少数派だと考えたとします。２番目のＷＬＢ尊重グループは、実際に自分がそういうタイプではないので、あまり有益な話をしてあげられる自信がありません。

そうなると、３番目の様子見グループを相手にスピーチを構成するのがいいでしょう。この段階ではいちばん人数も多そうですし、かつての自分がそうだったので、自らの経験にもとづいた、活き活きとした話ができそうです。

このようにしてあたりをつけ、聴衆の中からメインで向き合う相手を抽出していきます。相手が決まったら、そういう志向の新入社員を見つけ、話を聞いてみて、何が気になっているのか、スピーチでどんなことが聞けたら嬉しいかを探っていきます。

全員を満足させるスピーチができれば、それにこしたことはありません。

しかし、それができない場合も、そうする必要がない場合もあります。そんなとき、このように準備を進めることで、**自分が役に立てる範囲を最大限に広げる**ことができるのです。

さっきの秘密をいおうかね。なに、なんでもないことだよ。心で見なくちゃ、ものごとはよく見えないってことさ。かんじんなことは、目に見えないんだよ。

——『星の王子さま』のキツネの台詞

『星の王子さま』サン＝テグジュペリ、岩波書店

マーケターのような生き方 POINT 25

あらかじめ相手が決められている場合でも、自分なりに「相手」を定義する。

「市場を定義する」を自分のキャリアに応用する

❖誰もが「自分」という商品のマーケターである

「市場の定義」はもともと、商品企画・事業企画担当者のために生み出された考え方だとお話ししました。でも実は、**どんな仕事をしている人にも、「商品企画・事業企画担当者」の一面がある**のです。

それは**「自分自身」に関して**です。

就職・転職や社内における昇進の舞台となるのは「労働力市場」ですが、そこでは「労働力という商品」がやりとりされます。自分自身を「商品」と考えるのは抵抗があるかもしれませんが、就職・転職・昇進においては、ある意味ではそれが現実です。

❖自分の価値は「市場」によって変わる

多少の誤差はあれど、**自分がもらえる報酬は、結局は「どれだけの人の役に立てるか」によって決まります**。

テイラー・スウィフトやレディー・ガガが大きな報酬を手にできるのは、世界中の人が彼女たちを必要としているからです。日本のポップスターの収入が彼女たちと比べると少ないのは、根本的には、相手にできるのが日本人に限定されるからです。

ここにあるのは、ミュージシャンとしての才能や実力、努力の差ではありません。**選んでいる市場の大きさの差**なのです。

現に、日本人のサッカー選手や野球選手が、日本を飛び出して世界の舞台に立つと、年棒はいっきに跳ね上がります。その時点では、同じ実力、同じ才能の、まったく同じ選手なのにもかかわらずです。

年収を高めたいと考える人が、企画やプレゼンなどのスキルを磨いたり、実績を積み上げるべく仕事に打ち込むのはもちろん意味のあることです。

しかし、**それより何より重要なのは、適切な「市場を選ぶ」こと**なのです。

アンモナイトの化石の鑑定をしている人が、そのスキルと実績を日本一レベルにまで高めたとしても、その報酬はデータサイエンティストの平均年収にも及ばないでしょう。

これは極端な例かもしれませんが、これに近いことが労働力市場では頻繁に起きています。

年収を上げたいのであれば、スキルや実績に磨きをかける前に、**まず自分を売り出していく市場を見直すという視点を持ってみる**ことをおすすめします。

給与水準は業界によって決まるから、年収を大きく上げたいのであれば業界を変えろ、などとよく言われます。しかし「業界」というのは市場を定義する切り口の1つにすぎません。「職種」も同様です。

これまで見てきたとおり、マーケターは縦横無尽に市場を定義します。「小売ではなく金融」「営業ではなくマーケ」など、既定の切り口ありきで考える必要はありません。この点は少しわかりにくいと思いますので、このあとすぐに具体例を使って説明します。

❖転職しなくても「市場を見直す」ことはできる

自分を売り出していく市場を見直すためには、かならずしも転職が必要なわけではありません。市場を見直すというのは、具体的には「自分の意識を変える」ということです。つまり、**同じ会社で同じポジションにいたとしても、自分とあの人では意識している市場が違う**

ということがありえるのです。

たとえば、同じ人材派遣業界の営業マネージャーでも、Aさんは「人材派遣営業のプロ」という市場を意識しているのに対し、Bさんは「営業組織構築のプロ」という市場を意識しているかもしれません。

それぞれの見方によって、強化するべき知識やスキルは異なります。すると、自分でどんな勉強をするか、どんな仕事を希望し、選び取るかにも大きな違いが出てくるでしょう。この先、営業マネージャーとしての数年間で、人材派遣営業のスキルを磨き実績を積んだAさんと、インサイドセールス部隊の立ち上げなど、営業組織構築の経験を積んだBさんとでは、市場価値が大きく異なってくる可能性が高いでしょう。

転職も「意識した市場」で求められる知識やスキルを強化する1つの手段ですが、転職ではその時点でのスキルが評価されるのに対し、社内の人材開発ではポテンシャルや希望が考慮されます。**自分を売り出していく市場を「見直す」のであれば、むしろ多くの場合、いまの仕事・いまの職場を前提にするほうが圧倒的に有利**なことも覚えておいてください。

もちろん、市場価値＝年収を高めること自体は、ゴール・目的にはなりえません。

「マーケターのように生きる」目的は、相手からスタートすることで自分を活かして、**な**

るべく多くの人に自分を役立ててもらうことです。報酬は役に立った人の多さに比例しますから、「その結果として」年収が高まるという主従関係であることは、ここで改めて強調させてください。

マーケターのような生き方
POINT 26

「自分という商品」をどこで売るかを、まず考える。

人生の目的は幸福な人間になることではない。それは、役に立つ人間、高潔な人間、思いやりのある人間となり、自分だけがなしえる生活を送る、それも立派に送る、そういうことだ。
——ラルフ・ウォルド・エマーソン（アメリカの哲学者・詩人）

『ビジョナリー・ピープル』ジェリー・ポラス、スチュワート・エメリー、マーク・トンプソン、英治出版

STEP 1

市場を定義する　TRY

BUSINESS
ビジネス

あなたの会社があつかっている商品・サービスの「市場」を、あなたの役割においてあらためて定義してみましょう。

CAREER
キャリア

あなたが自分を売り出すことのできる市場を、可能な限りリストアップしてみましょう。

PRIVATE
プライベート

YouTuber になるとして、あなたが「いちばん価値を提供したい人たち」を考えてみましょう。

STEP 2
価値を定義する
——「相手が本当に欲するもの」がわかる

1 なぜ「価値を定義する」のか？

「価値を定義する」とは何か

ＳＴＥＰ１「市場を定義する」では、自分をもっとも多くの人に役立ててもらえる「相手の選び方」について考えてきました。

より多くの人の役に立つことで、より自分の存在意義を高めることができます。その結果として、より多くの報酬が得られるようにもなるでしょう。

ＳＴＥＰ２の「価値を定義する」以降では、**いかにしてその相手の役に立つか**を考えていきます。

たとえばYouTuberを始めるには、まず誰を相手にするのかを考える必要がありました。「市場を定義する」で身につけた考え方を活かして、なるべく対象を広げられるよう、「YouTubeを見ることが趣味の、YouTubeエンタメファン層」を相手に「リアクション動画」のチャンネルを開設したとします。

「リアクション動画」とは、人気の動画やミュージックビデオを見て大袈裟に感動する（リアクションをする）という、YouTubeならではのジャンルです。エンターテインメントなので相手の裾野が広く、かつ誰にでもチャレンジできる敷居の低さが魅力です。

それでは、そんな「YouTubeを見ることが趣味の人たち」は、**エンターテインメントに何を求めている**のでしょうか？　たとえば、ちょっとした暇を埋めてくれることなのか、その世界に没入させてくれることなのか。エンタメコンテンツに求める「価値」は人それぞれで

世のため、人のためになり、ひいては自分のためになるということをやったら、必ず成就します。

――松下幸之助（パナソニック創業者）

『世のため人のため、ひいては自分のための経営論』磯辺剛彦、白桃書房

す。そんななかで、**相手とする集団が求めるものの最大公約数を探っていくこと**。価値を定義するとは、そのように言い換えることもできます。

マーケティングにおける価値とは、「相手が感じることのできる価値」でした。価値が相手の手元にある以上、「価値を定義する」というプロセスは、**いかにして「相手の声を聞く」か**に集約することができます。

そして「相手の声を聞く」というのは比喩的な表現です。実際には、相手が意識していないことや、意識していながら声にしたくないことも含めて、**「相手が何を求めているか理解する」**ことを目指していきます。

❖「価値の定義」は、商品やサービスをつくる前に行う

携帯電話で気軽に撮影して自分のパソコンで編集できるYouTube動画であれば、とりあえずいくつか動画をアップロードしてみたうえで、事後に相手の声を聞いて（視聴データを分析して）、コンテンツの方向性を絞っていくというのも1つの手段でしょう。

しかし、たとえば自動車を試しにつくって、試しに売りに出してみる、などということはできません。

そのような前提の中で発展してきたマーケティングには、**商品やサービスをつくる「事前に」相手の声を聞くための技術やノウハウ**が用意されています。これから先、ＳＴＥＰ２で解説していくのは、主にそんな技術やノウハウです。

気軽に軌道修正ができるYouTube動画にしても、最初の一歩を大きく踏み間違えていたのでは、事後の調整は大いに難行するでしょう。

個人のキャリア構築にしても、市場に求められていない経験やスキルを数年かけて身につけてしまっては、軌道修正はかなり困難になります。

マーケティングの実務ではもちろんのこと、マーケターのように生きる私たちとしても、**価値の定義を誤ることは、その後の努力をすべて無駄にしてしまいかねません**。そうなると、結果として多くの人の役に立つことはできません。

そうならないためには、**事前にしっかりと相手の声を聞くこと**が大事です。マーケティングの技術を駆使して、「相手が何を求めているか」を、まずしっかりと理解する必要があるのはそのためです。

マーケターのような生き方
POINT 27

相手を定義したら、その相手が何を求めているかを知る。

「相手を理解する」ためには「知識」と「技術」が必要

❖「相手を理解する」のは簡単なことではない

相手が何を求めているか理解する。**口で言うのは簡単ですが、実際はそう簡単ではありません。**

医者が患者を理解するプロセスを想像してみてください。病院に来る患者さんは、それぞれ困った症状を抱えていますが、自分では自分に何が必要なのかよくわかっていません。むしろわからないからこそ病院に来るわけです。

たとえば頭痛が酷くて困っている患者さんは、どこにどんな問題があるのかを自分では理解していません。そうして病院に来た患者さんを、医者は「診察」します。診察というのは医療行為なので、誰にでもできるわけではありません。専門的な「知識」と「対話の技術」が必要とされます。

「**知識**」でいうと、まずは**患者さんが抱える問題を体系的に理解している**必要があります。頭痛の原因にはこれとこれとこれがある、という仮説のバリエーションを持っていなくてはなりません。また、それぞれの原因に応じて、適切な解決策をセットで頭に入れておく必要があります。

患者としてお医者さんを観察していると、「**症状の聞き方**」**にもテクニックがある**と感じます。

「痛いというのは『ズキン、ズキン』ですか？　『締めつけられる感じ』ですか？」などと、症状をより具体化させることで、原因である問題の仮説を絞っていきます。

これが「**対話の技術**」です。

対話というと話を聞くことだけをイメージしがちですが、そもそも相手がわかっていないことを理解しようとするわけですから、言葉を使ったコミュニケーションにはおのずと限界があります。触診したり検査をしたりというのも、医者にとっては大事な患者との「対話」であるわけです。

❖ 相手も知らない「相手の望み」を理解する

マーケティングにおいて相手を理解するプロセスも、これととてもよく似ています。

相手は往々にして、自分が必要としているものが何なのか、はっきりとは理解していません。自分が何かを必要としている、ということすら自覚していない場合もあります。

そういう相手に対し、

- **価値にはどのような種類があるのかという「知識」**
- **それを聞き出す、引き出すための「対話の技術」**

を駆使して、**相手が何を必要としているかを明らかにしていくのが、「価値を定義する」のプロセス**です。

マーケターのような生き方 POINT 28

価値に関する「知識」と「対話の技術」を駆使して、相手が必要としているものを明らかにしていく。

「価値の定義」がビジネスの勝敗を分ける

さらに重要なのは、プロセスの並び順です。

この「価値を定義する」は、「価値をつくりだす」や「価値を伝える」の前にあります。先ほども少し触れましたが、**この価値の定義が間違っていると、そのあとの工程でどんなに頑張っても、努力がすべて無駄になってしまいます。**

このことを、ビジネスの実例を使ってもう少し詳しく見ていきましょう。

「モンスターエナジー」「レッドブル」などに代表されるエナジードリンク市場は、毎年2桁%で伸び続ける急成長カテゴリーです。これに対して、国産勢が大半を占める栄養ドリンク（ドリンク剤）市場は、ここ数年縮小が続いています。

この背景には**「価値の定義」の違い**があると考えられます。

モンスターエナジーやレッドブルはパッケージをスタイリッシュにし、アスリートやミュージシャンとタイアップすることで、**相手にとって「意味がある」という価値**をつくりだしています。PART1のCHAPTER2で紹介した「**情緒的な価値**」です。

それに対し栄養ドリンクは、これまではずっと「疲れがとれる」などの実利と、日光を遮蔽する瓶や製薬会社のブランド名などを使った品質保証を重視してきました。**相手にとって「役に立つ」という価値**で、この本ではこれらを「**機能的な価値**」と呼んでいます。

ここで、相手とする顧客が滋養強壮系ドリンクに求めるものが、「機能的な価値」ではなく「情緒的な価値」だったら何が起こるでしょうか。この時点ですでに勝負は決まってしまうのです。この工程でボタンを掛け違えると、そのあといくら「価値の創造」や「価値の伝達」を頑張っても、とり返しがつきません。

つまりこの「**価値の定義**」の**プロセスこそ、まさにマーケティングの心臓部**なのです。次からは、そんな心臓部をさらに深掘りしていきましょう。

マーケターのような生き方
POINT 29

「価値の定義」を誤ると、そのあとの取り組みではとり返せない。

2 「価値を定義する」マーケターの思考と技術

この本ではすでに何回か、製品としての「お水」の話をしました。ミネラルウォーターというのは、マーケターにとって興味のつきない研究対象です。

中身はほとんど同じものなのに、人それぞれ好みがあったり、価格差が生まれたりする。それはいったい、なぜなのでしょうか。この仕組みを改めて、マーケティング的に解剖してみましょう。

たとえば、私が飲料メーカーを立ち上げ、「山の天然水」という水を発売したとします。南アルプスの採水地からくんできて、衛生管理の行き届いた工場でボトリングした軟水だとしましょう。

同じく軟水の天然水である「ボルヴィック」と「山の天然水」が同じ値段で売られていたとしたら、後者を買う人はほぼいないでしょう。少しくらい値段が高い程度であれば、やはり多くの人がボルヴィックを買うのではないでしょうか。**両者には明確な「価値の差」が存在**

するわけです。

この2つの水には、微妙な成分の差があるかもしれませんが、同じ軟水ならそれは知覚できるほどのものではありません。**マーケティング的な価値＝知覚できる価値ですから、価値の差は水そのものからくるわけではない**ということになります。

では、はたしてこの価値の差はどこからくるのでしょうか？

価値を理解し、自らつくるための「文法」

2つの天然水の価値の差を分析するのに、これからある「フレームワーク」を紹介します。フレームワークとは「抽象化された事例」のことです。**「抽象化」というのは、いくつかの事例に共通する要点を抜き出すということ**です。

言葉の使われ方を分析し、いくつかの言い回しの共通点を見つけて意味を定義するのも「抽象化」です。たとえば「エモい」という言葉の意味を抽象化し、定義できれば、その本質を理解して自分でも使いこなせるようになります。

マーケティングにおける「フレームワーク」も、これと同様です。**たくさんの事例に共通するポイントを抽象化して整理することで、事例の本質が理解できるようになり、自ら事例をつくりだすことも可能になる**のです。

これから紹介するフレームワークは、この本の重要テーマである「価値」の事例を抽象化したものです。つまり、**いくつもの「価値」の事例に共通するポイントを抜き出して整理することで、「価値」というものの本質を理解し、また自ら価値をつくりだすことを可能にするもの**です。

次ページの図表2は、私が「**価値の4象限**」と呼んでいるフレームワークです。

横軸：機能的か情緒的か
縦軸：顕在的（表に出ている）か、潜在的（裏に隠れている）か

というマトリクスで、価値を4つに整理しています。この4つの価値を、先ほどの「ボルヴィック」と「山の天然水」の違いを例にとって説明していきましょう。

❖ 実利価値

はじめに**「実利価値」**です。**「機能的で」「顕在的な」価値**というのがその定義です。

「機能的な」というのは、**「役に立つこと」**だと考えてください。「顕在的な」というのは、**「いま目の前にあって疑いようもなく存在する」**ということです。

水でいえば、「ノドの渇きを癒やしてくれる」をはじめとして、「味が硬い・軟らかい（から美味しい）」「利尿作用が強い・弱い」などといった具体的な「役に立つこと」が、この実利価値にあたります。

すでに何回も繰り返し話しているとおり、「ボルヴィック」と「山の天然水」では、この実利価値においてはほとんど差がありません。

図表2　価値の4象限

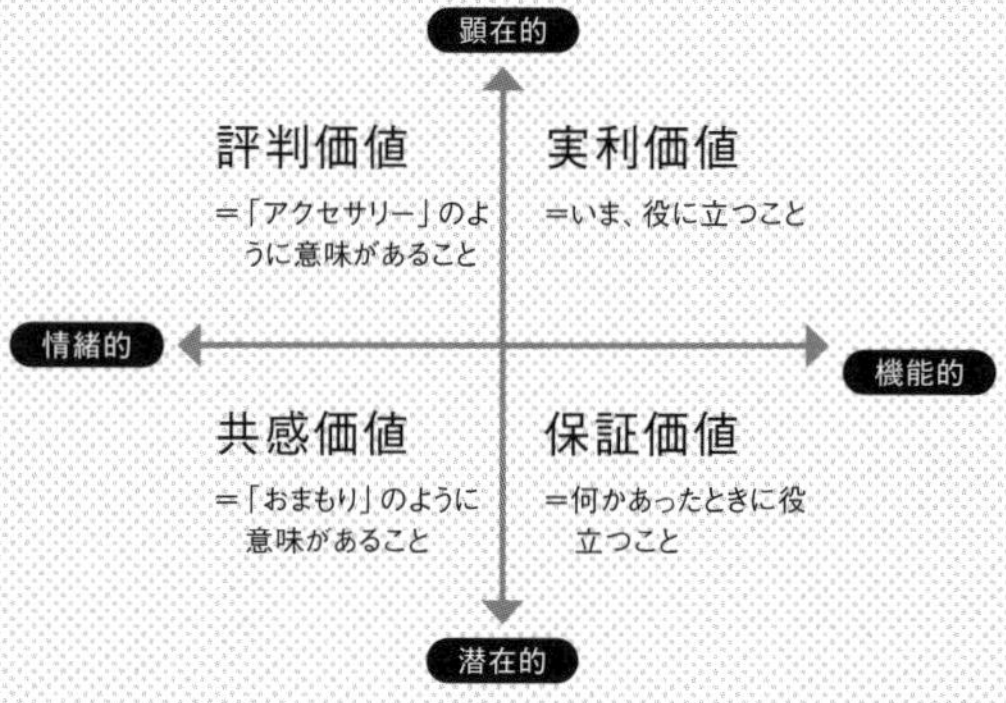

❖ 保証価値

次に「**保証価値**」です。「**機能的で**」「**潜在的な**」**価値**ということになります。

「潜在的な」というのは、「**いま目の前にはないけれど、たしかに存在する**」という意味です。機能的で潜在的であるとは、**いまは顕在化していないが、何かがあったときにすっと浮かび上がってくる具体的な役に立つこと、**ということです。

ミネラルウォーターで言えば、「水の品質がしっかりしていそうなこと」が保証価値にあたります。

大きなメーカーが出しているんだから品質には問題がないだろう。万一何かがあったら、そのときはちゃんと対応してくれるだろう。直接身体に取り込む食品や飲料には、そういった二重三重の安心感が保証価値として求められます。

老舗ブランドとして長年世界中で販売され続けている、しかも日本では大手のキリンが手がけていたボルヴィックは、強力な保証価値を持っています。一方で、無名の新規参入者が手がける「山の天然水」には、この保証価値はほぼ皆無と言っていいでしょう（ただ実際には、販売してくれる小売企業の信頼感を頼ることができるので、この手の商品が店頭でまったく売れない、ということではありません）。

❖評判価値

次に「**評判価値**」です。「**情緒的で**」「**顕在的な**」**価値**です。

「情緒的」というのは、「**役には立たないけれどその人にとって『意味がある』**」ということでした。

数値上の走行性能がまったく同じ車があったとしても、メルセデス・ベンツと国産車とでは値段が違います。着心地や機能が同じく優れていたとしても、プラダのＴシャツ１枚を買うお金で、スーパーの安売り品なら１００枚は買えるでしょう。

このとき、ベンツやプラダには、購入者にとって**機能を超えた「意味」がある**のです。

情緒的な価値が「顕在的」であるとき、この「意味」は他人との関係の中で発生する、と考えてください。

たとえば、ベンツに乗っている人は「お金持ちだ」と思われたり、路上でも他の車からていねいに扱われると聞きます。機能を超えた意味とはいえ、それを**他人との関係の中で「明らかに＝顕在的に」感じることができます**。

このような価値が「評判価値」です。

おしゃれで素敵な女性／男性が、ジムで汗を流した後にボルヴィックを飲んでいたらどうでしょう。とても絵になります。ジムには売っていないボルヴィックをわざわざ持ち込むのだから、よっぽどこだわりがあるのだろうな、さすがはハイセンスな◯◯さん、などと株を上げることでしょう。

これが「山の天然水」だったらどうでしょうか。どこかで買った安売り品をわざわざジムに持ち込んでいるのかなと、反対に株を下げてしまうかもしれません。

このように、評判価値を持つブランドは、**ある種の「アクセサリー」**として威力を発揮します。**ある商品がその人にとってアクセサリーのように機能するとき、そのブランドは評判価値を持っている**ことになります。

この評判価値においても、「山の天然水」はボルヴィックに大敗を喫しています。

❖共感価値

最後に「**共感価値**」です。「**情緒的で**」「**潜在的な**」**価値**と定義できます。

情緒的な価値なので、評判価値と同じく機能を超えた「意味」の話です。評判価値との違いは、その意味が他人との関係においてではなく、**純粋に自分の中で発生する**ということです。

評判価値が「アクセサリー」なら、この**共感価値は「おまもり」**のようなものです。共感価値を持ったブランドは、自分にとって「おまもり」のような威力を発揮します。

共感価値が高いブランドの代表格は**ナイキ**です。

同社はこれまで、いい意味で「クレイジーな」アスリートたちを支援し続けてきました。悪童と呼ばれたテニスのジョン・マッケンローや、奔放な私生活で知られたＮＢＡプレイヤーのデニス・ロッドマンなどが代表的です。

黒人への人種差別に抗議して、国旗掲揚の際に起立せず物議を醸したＮＦＬのコリン・キャパニック選手は、「Dream Crazy」と題された同社のＣＭでナレーターと主演を務めました。当時のトランプ大統領にも非難されたキャパニック選手は、それまでの２年間ＮＦＬの表舞台からは姿を消してしまっていましたが、その間もナイキは同選手を密かに支援し続けていたそうです。

自身も「クレイジー」でありたいと願うファンは、こうしたナイキの姿勢に共感し、同時に勇気づけられます。そのようなファンにとってナイキのロゴは、まさに自分らしくいるための「おまもり」なのです。

ナイキやアップルのように、**高い共感価値を持つブランドは、多くが高い評判価値を同時に持っています。**

しかし、その逆はかならずしも真ではありません。**高い評判価値を持つブランドが、かならずしも高い共感価値を持つとはかぎらない**のです。

たとえばプラダのバッグを、その歴史や信念に共感して買っている人はどれくらいいるでしょうか。シャネルのお財布を愛用している人のなかで、創業者ガブリエル・ボヌール・シャネルのファッション哲学を熱く語れる人はどれだけいるでしょう。

そうしたブランドのDNAを知らない人たちにとって、プラダやシャネルは「アクセサリー」であっても、決して自分らしくいるための「おまもり」であるとは言えません。

ミネラルウォーターの話にもどりましょう。

ボルヴィックはご存知のとおりフランスのお水です。フランスの価値観に共感する、フランスが好きだ、という人は、ボルヴィックを飲むことで精神的な充足感が得られるでしょう。

ボルヴィックのパッケージには、from Franceの文字とともに、さりげなくフランス国旗のトリコロールがあしらわれていますが、これはそのような効果を狙ってのものだと思われ

テクノロジー業界で唯一、ライフスタイルブランドを生み出したのがスティーブなんだ。車ならポルシェやフェラーリ、プリウスなど、持っているだけで誇りが感じられる製品がある。運転する車には自分が反映されるからだ。アップル製品も、ユーザーからそのように思われている。

——ラリー・エリソン(オラクル創業者)

『スティーブ・ジョブズ』ウォルター・アイザックソン、講談社

ます。

こうした充足感は、もちろん「山の天然水」では得られません。ここでも、「山の天然水」は「ボルヴィック」に大きく水をあけられています。

†

これまで見てきたように、「ボルヴィック」と「山の天然水」の間には、「実利価値」においてこそ差はないものの、「保証価値」「評判価値」「共感価値」の3つの価値において大きな隔たりがありました。

この隔たりこそが、2つのブランドの価値の差と、ひいては価格差を生むのです。

この価格差は「ブランド税」などと言われる場合があります。実態を伴わないもの、非合理なものと考える人もいますが、決してそうではありません。**明確な価値の裏づけはあるものの、それが「実利価値」ではないというだけの話**なのです。

マーケターのような生き方
POINT 30

価値は「実利価値」「保証価値」「評判価値」「共感価値」の4つに分けて考える。

自分が提供する価値を決める

さて、この4つの価値ですが、かならずしもすべての商材・商品において、すべての価値が必要なわけではありません。たとえば、「スティック糊」や「工業用のネジ」に評判価値や共感価値を求める利用者はまずいないでしょう。

では、**自分たちの商品には、はたしてどの価値とどの価値が必要なのでしょうか。**

そして、たとえば「共感価値」が必要なのだとしたら、**具体的にどのような共感価値が必要なのでしょうか**（どのような「おまもり」である必要があるのでしょうか）。

それを明らかにしていくのが「**価値の定義**」です。

それはとどのつまり、「**顧客にとっての価値を理解する**」ことに他なりません。なぜなら、繰り返しになりますが、マーケティングにおける価値は相手の中に発生するものだからです。

「価値を定義する」という言い方は、**価値をつくる前にその内容を決める必要がある**ということを強調しています。価値を生み出す工程を意識した言い回しですが、相手との関係でいうと「決める」というのは少し語弊があるかもしれません。

なぜなら、相手にとっての価値は、自分だけでは決して決められないからです。相手との関係性に注目すると、**価値は自分1人で決めるものではなく、「相手の中から見つけ出す」もの**なのです。

❖「顧客の声」を聞く機会は意識しないと生まれない

顧客にとっての価値を理解する＝相手の中に価値を見つけるのに、何より効果的なのは**顧客の声を直接聞くこと**です。

あたりまえじゃないか、と思われるかもしれませんが、実はこれがなかなか一筋縄ではいきません。

たとえば毎日店頭に立っているアパレルの販売員さんであっても、お客さんがなぜその服を買ったのか、なぜお店に来てくれたのか、その理由を深掘りして聞く機会はほとんどないでしょう。

営業職の場合は、そもそも会っているのが最終的な利用者であるとはかぎりません。小売店のバイヤーさんだったり、購買部門の担当者だったり。個人向け商材でも法人向け商材でも、営業部門が相手にするのは、そうした利用者の代理人的な立場の人であることが多いでしょう。

販売職や営業職ですらそうなのですから、企画職などバックオフィス部門の人はなおさらです。

顧客の声を直接聞く機会は、意識してつくりださないと生まれないのです。

❖調査で「買う理由」「買わない理由」を掘り下げる

マーケターはさまざまな手段を使って、顧客の声を直接聞いています。

調査というとアンケート調査を思い浮かべる人が多いと思いますが、実際に顧客に会いに行くという地道な調査もよく実施します。

これらの調査を通じて、ある商材を「買う理由」と「買わない理由」を掘り下げていくのです。この**「買う理由」「買わない理由」の裏にこそ、その商材における「価値」が隠されてい**

この新時代のリーダーは、謙虚な気持ちで、他人の立場で考え、人々の原動力は何かを理解する必要があります。成功するには他人の便宜を図らなければならないことを認識する必要があります。

――ヨルマ・オリラ(ロイヤルダッチシェル元会長)

『未来企業』リンダ・グラットン、プレジデント社

ます。

たとえば、ファッションに対する意識の高い男性に向けて、髪の仕上がりを重視したシャンプーを開発したとします。

このシャンプーを「買っていたけどやめた」理由として、「仕上がりはいいんだけど、スタイリング剤がなかなか落ちない」という意見があったとします。「買っていたけどやめた」理由は、「買う理由」と「買わない理由」のコンビネーションなので、たいへん有益な情報です。

ここから、ファッション意識の高い男性はシャンプーに仕上がりのよさを求めているけれど、同時に「スタイリング剤がすぐ落ちる」という価値も求めている、などという仮説が導けます。

このように機能的な価値を聞き出すのは、実はそれほど難しくありません。一方、**情緒的な価値を聞き出すには、少し知識が必要**です。

たとえば、バイクの愛好者を対象としたインタビューで「ハーレーに乗れないなら、それは自分の人生じゃない」という意見があれば、ハーレーはその人にとってある種の「**おまもり**」であることがわかります。ハーレーというバイクに「**共感価値**」を感じているのです。

しかし、このハーレー愛好者は「私はバイクに自分の生き方の『おまもり』であることを求めている」「私がバイクに求めるのは共感価値である」などとは決して言わないでしょう。

皆さんがいまそう分析できるのは、先ほど紹介した**「価値の4象限」というフレームワークをすでに知っているから**です。知らない人が先ほどの発言を聞いても、「この人はものすごくハーレーが好きなんだな」ということくらいしか感じとれないでしょう。

だからこそ、こうしたインタビューでは、知識を持ったマーケターや、この本を読んだ皆さんのような人が直接会って話を聞くことが重要です。

直接会えば、ダイレクトに答えは引き出せなくても、相手の口ぶり、表情、身振り手振りから、いろいろなことが感じとれます。思いついた仮説を確かめるべく、その場で追加の質問をすることも可能です。

調査と言っても、専門の調査会社を使わなければこのようなインタビューは実施できないわけではありません。気軽に声をかけられるお客さんやお客さん候補がいれば、簡単な謝礼を用意し、一度直接会って話を聞いてみる。そんなやり方でも十分です。

専門の調査会社を使えない場合は、半ダースほどの主婦を相手に手弁当の調査をしてみるといい。時に自分が参加していない専門の調査より、そちらの方が役に立つ。

――デイヴィッド・オグルヴィ（現代広告の父）

『Ogilvy on Advertising』David Ogilvy, Prion

❖「顧客の声」から得た仮説を、データで検証する

一方、そこで聞き出した意見は、あくまでその人独自のものです。それがどれだけ他の人にもあてはまるかは定かではありません。

マーケティングにおける「相手」は、1人の人ではなく「人の集団」でした。**インタビューで発見できる価値は、1人の人に関しては真実かもしれませんが、「人の集団」に関してはあくまで仮説**です。

このようなデータを「**定性データ**」といいます。質は高いものの量が少ないデータです。**「定性データ」で得られた仮説は、しっかりと量が担保された「定量データ」で裏づけする**必要があります。

このとき、マーケティングの実務では調査会社にお願いしてアンケート調査を実施しますが、それ以外の方法では定量データを手に入れることはできない、というわけではありません。

・自社のメールマガジン会員にお願いしてアンケートを行う
・無料のウェブアンケートツールでつくったアンケートをウェブサイトに設置する

・ＳＮＳでアンケートを実施し、知り合いに依頼してそれを拡散してもらう

などといった方法でも、「相手」と直接会って見つけた仮説を、定量データで裏づけることが可能です。

マーケターのような生き方
POINT31

インタビューで「相手が求めているもの」の仮説を立て、アンケートで検証する。

相手にとっての価値を理解するには「知識」と「対話の技術」が必要とお話ししました。

マーケターにとっては、**価値の４象限などのフレームワークが「知識」、各種の調査が「対話の技術」**にあたります。これらは専門的な技能ではありますが、医者の診察のように免許がいるわけではありません。

マーケター以外の人でも、**この技能を使って「仕事」「キャリア」「人生」をより良いものにすることができる**のです。

次からは、その具体例を見ていきましょう。

3 「価値を定義する」を仕事、キャリア、人生に生かす

人材としての自分の価値にも「4象限」がある

「なんであんなにゴルフや飲み会ばっかりやっている人が部長なんだ。企画を立ててビジネスをつくっているのは自分や先輩なのに」

そんな不満を感じたことはないでしょうか？

私も以前はよくそう感じていましたが、いつからかほとんど感じなくなりました。**人が職場で発揮する「価値」にはいろいろなバリエーションがある**ということが、マーケターの視点を通して理解できたからだと思います。

そんな気づきを共有できるエピソードを紹介します。

私はこれまで数回転職をしています。いずれも広告主というクライアントの立場なので、

フェイスブックなどで転職の挨拶をすると、つながっている広告関係の営業担当さんから個別にメッセージをいただきます。メッセージの内容は大きく次の3種類に分類できます。

最初のタイプは、**「後任を紹介してください」**というものです。

先方からしたら、せっかくＳＮＳでつながっていたクライアントのキーパーソンがいなくなってしまうのは大打撃です。これを売り込もうと、社内で調整を進めていた案件などもあるでしょう。お立場上当然のことで、営業の基本動作と言えるかもしれません。

次のタイプは、**「職場が替わっても、この先もぜひ一緒に仕事がしたい」**というものです。

これは大変ありがたいお言葉で、マーケター冥利につきると感じます。「なので、差し支えなければ、落ち着いたら新しい職場でご挨拶させてください」と、嫌味なく営業活動につなげるのも忘れないのがこのタイプです。

最後のタイプは、**「とにかくお疲れ様でした！　いろいろありましたね。慰労会をやって思い出を語りましょう」**と、何よりもまず労をねぎらってくれる人たちです。

転職をするまさにそのタイミングでは、新しいチャレンジへのワクワク感以上に、後にする会社への名残惜しさが勝る場合も多いでしょう。

そんな気持ちに寄り添うように、この先のことは置いておいて、まずはこれまでの労をねぎらい、一緒に過去を振り返ってくれる。これはとても心に染みるお気遣いです。

❖ 営業パーソンの価値を分析する

ここで、「**彼女たち／彼らが勤める会社から見たとき**」の、**それぞれの営業パーソンの価値**を分析してみましょう。

最初のタイプは、**食らいついたら決して顧客を逃さないアグレッシブな営業パーソン**でしょう。

必要以上に情にほだされたり、綺麗ごとばかり言って泥臭いことをしなかったり、その結果押すべきところでしっかり押せない営業パーソンでは、安定して高い成果をあげることができません。営業本来の機能であるセールスのクロージングにしっかりこだわるという意味で、**このタイプが組織にもたらす「実利価値」は、高く評価されて当然**です。

一方で、そうしたアグレッシブな営業パーソンは、数字へのこだわりが強く、目的のためには手段を選ばない傾向から、どこかで道を踏み外すリスクがないわけではありません。押しの姿勢がトラブルを招くことも時にはあるでしょう。**そうした心配のない、「保証価値」の高い営業パーソンも、特にコンプライアンスリスクの高い業界では重宝されます。**

成果をあげながら「問題を起こさない」「和を乱さない」というのは、誰にでもできることではありません。「出る杭になれ」などと尖った個性を礼賛する風潮もありますが、特に中間管理職などでは、「無難に」組織を運営する能力は基礎体力として重宝されます。**2番目のタイプは、このような「保証価値」で組織に貢献する営業パーソン**なのかもしれません。

3番目のタイプの営業パーソンは、**会社を超えた個人の人間関係**を重視しています。

それは自分自身の信条だということもあるでしょうし、組織の文化だということもあるでしょう。そして、そんな信条や文化を体現するうえで、持ち前の感受性や共感力を発揮しているのです。

それが会社の文化である場合、この人材は**会社の「顔」になることで「評判価値」をもたらしてくれ、組織の文化を体現することで「共感価値」を発揮してくれている**と言えます。

結局のところ、職場が替わっても長くつき合わせていただいているのは、私の場合多くが3番目のタイプの営業パーソンがいる会社です。こうした**「評判価値」「共感価値」は、短期的な数字ではなかなか測りづらいですが、組織にとって得難い貢献である**ことは間違いありません。

❖ロナルド・レーガン大統領の「価値の4象限」

こうした価値すべてをバランスよく発揮できる人には当然、高い評価が与えられます。

第40代アメリカ合衆国大統領のロナルド・レーガンがその典型例です。レーガン大統領は在任中、アベノミクスの語源でもある「レーガノミクス」という経済政策でアメリカの経済を回復させました（**実利価値**）。

銃撃され、被弾しながらも政権運営を維持したり、激化しつつあった冷戦を収束に向かわせるなど、危機への強さは類いまれなるものがありました（**保証価値**）。

元ハリウッド俳優ならではの優雅な立ち居振る舞いと、アナウンサー時代に培ったスピーチ能力で、アメリカの顔として、国民のみならず世界中の人々を魅了しました（**評判価値**）。

さらに、アメリカの理念である自由主義を体現し、その脅威とみなしたものには徹底抗戦しました。銃撃されて病院に運ばれ、死の淵を彷徨いながらも、手術スタッフに軽口を叩く強さとユーモアは、アメリカを象徴するものとして国民に歓迎されました（**共感価値**）。

こうした価値が評価され、レーガンは当時、史上最高齢の大統領として2期8年の任期を満了し、高い支持率を保ったままホワイトハウスを後にしました。そんなレーガン大統領の功績は、退任まもない時期であった私の学生時代にも、すでに歴史の教科書に刻まれていました。

❖人材の価値は白か黒かのモノクロではなく「虹色」

レーガン大統領のようにすべての価値を高いレベルで発揮できれば、国家や企業の「伝説的な」リーダーになれるでしょう。それを目指すのも1つの道です。

しかし、歴代アメリカ大統領の中ですら、すべての価値を高いレベルで発揮した傑物は指折り数える程度です。

国や自治体のトップの中には、「評判価値」や「共感価値」で評価され、「実利価値」や「保証価値」を側近たちに補ってもらっている人も少なくないでしょう。行政でも企業でも、トップが大胆なビジョンを掲げてそれを推進し、ナンバー2が目の前の仕事をさばいて守りを固めるという組み合わせは、よく目にするのではないでしょうか。

逆に、華麗なバックグラウンドや見た目の華もなく、大きなビジョンを持っていなくても、圧倒的な実務能力でトップにまで上り詰める人もいます。

人の**人材としての価値は、決して白か黒かのモノクロではない**のです。

それは、多様性の象徴である「**虹色**」です。

私たちは自分で購入する商品には多様性を認めるくせに、多様性をもって自分自身を認めることは苦手なようです。

何の役にも立たない、でも自分にとっては大きな意味があるコレクターズアイテムを蒐集したりする一方で、「目的のためには手段を選ばず」の営業ができず、実利価値を発揮できない自分を責めたりします。

あるいは逆に数字至上主義のみで自分の価値を誇示し、それ以外の価値を顧みないこともあります。

❖実力主義という「呪い」

「完全実力主義」「成果主義」というのは、ある意味で「呪い」です。実際には存在しないものに、多くの人が縛られてしまっているのです。

まったく価値を発揮していない人を、縁故やコネで重用することは戒められるべきですが、だからといって、発揮すべき価値は「実利価値」だけであるということではありません。

保証価値や共感価値も立派な価値＝実力なのです。

バブル崩壊後、昭和型の人事システムを刷新する中で、かつてはここを誤解していた日本企業も、今ではその歪みに気づき、修正をかけています。企業の価値観に添った行動や態度を評価する「**バリュー評価**」などはまさにその例です。

その人のコネが仕事を持ってきてくれるのだから、倫理的な問題を脇に置けば、縁故採用者にも企業にとってはある意味「価値」があったわけです。そのように、もともと多様な価値を受け入れる土壌があった日本の職場では、モノクロではない虹色の価値が受け入れられやすいとも言えます（多様な「個人の価値観」はなかなか認められないですが）。

皆さん自身が自分で購入する商品に多様な価値を認めるように、企業も皆さんに多様な価値を認め始めています。**人材の価値＝実利価値という「呪い」から脱却できていないのは、実は企業ではなく皆さん自身**なのかもしれません。

売上を追う営業パーソンであっても、アグレッシブに仕掛けて短期の数字を積み上げることだけが、組織に対する貢献なのではありません。

実利価値以外の価値が、実際に皆さんの所属する組織でどう評価されるかは定かではありません。しかし「**何であの人が評価されているんだ？**」**という不満を抱くとき、そんな皆さん自身が、同僚や上司を実利価値という尺度だけで見ている**のかもしれません。

そんな人が評価されているということは、見方を変えれば、**実利価値以外の評価尺度が皆**

> 人を判断する場合、わたしはその人自身の主義・主張によって判断することにしている――わたしは自身の主義・主張によってではなく。
>
> ――マーティン・ルーサー・キング牧師

『人を動かす』デール・カーネギー、創元社

さんの組織にはあるということです。別の価値に視点を移してみると、その人が評価されている理由がよく見えてくるかもしれません。

「仕事をせず飲み会ばかりしている上司」は、実は私に「とにかくお疲れ様でした！」とメッセージをくれた、あの営業パーソンなのかもしれません。

そうした気づきが得られると、**自分自身の価値もより広い視野で見つめ、磨いていくことができる**ようになります。

そんな価値を評価してもらえる組織という視点で転職先を考えてみることで、袋小路のように思えたキャリアに光が射すかもしれません。

価値の4象限を頭に入れて話を聞きにいくべき「相手」は、まずは何より自分自身なのです。

マーケターのような生き方 POINT 32

自分自身や同僚の人材価値も、4象限で多様な視点から評価する。

相手が重視する「価値」を知る

「価値を定義する」で覚えた知識は、長い目で見た自分のキャリアのみならず、**職場や家庭での日常のコミュニケーション**にも応用できます。ここで1つ、そんなケーススタディーをしてみましょう。

「データ分析は得意だけど、チームをリードするのはちょっと苦手」という若手ビジネスパーソンになったつもりで、次のセリフを読んでみてください。全社を横断した大事なプロジェクトのリーダーに抜擢されたというシチュエーションです。

【上司1】

このプロジェクトは、今後の10年を占う重要なものだ。**評価の加点も大きい**。そして、分析力に加えチームを引っ張る力が必要という点で、**あなたの今後の成長のためにも欠かせない**。

【上司2】

このプロジェクトはデータ分析がカギだ。**分析力では誰もあなたには敵わない**。他には代わりがいない。**頼む、力を貸してくれ**。チームをまとめるのは大変かもしれないが、**あなたなら絶対にできる**。

どちらの上司の言葉がより「刺さる」でしょうか。もちろん人によると思いますが、私の場合は断然【上司2】です。

管理職向けのトレーニングでよくこの話をするのですが、どちらが刺さるかと聞くと、**ほとんどの人が【上司2】を選びます**。私の個人的な統計では、合理的なものの考え方をする人でも、むしろそういう人ほど、【上司2】のアプローチを支持する傾向にあります。

さて、このとき【上司2】の言葉に心を動かされる人たちは、感情に流されて理を見失ってしまっているのでしょうか？

そうではありません。**【上司2】の言葉に、「機能的な価値」ではない、また別の価値を見出している**のです。

❖「必要とされる」ことの価値

【上司1】の言葉が強調しているのは、「評価」や「成長」といった「**機能的な価値**」です。

それに対し【上司2】は、「**情緒的な価値**」に語りかけています。

まず、「分析の第一人者だとみなされる」というのは、プロジェクトに参加することがもたらす「**評判価値**」だと考えられます。

また、「頼む、力を貸してくれ」と誰かに頼られる、必要とされるのは、多くの人にとって「自分の中で意味のあること」なのではないでしょうか。これはまさに「**共感価値**」です。

利用される、依存される、というのと、必要とされるというのは大きく異なります。

誰でもいいけれどたまたま近くにいた自分（利用）、他に頼れる人がいないから自分（依存）、ということではなく、大勢のなかから他ならぬ自分を頼りにしてもらえると、「よしそれなら」と一肌脱ぎたくなるのが人情です。【上司2】はここをしっかりとおさえた上で、このリーダーをしっかりと「頼っている」のです。

もちろん、「評価」がもたらす昇給や昇進はとても大事です。いくら「頼られた」ところで、それだけでメシは食えません。必要十分で公平な報酬が保証されているということが、人がモチベーションを持って働けることの大前提です。

しかし、昇給や昇進で貢献に報いることができるのは、1年に数回です。また、全員に満足のいく昇給や昇進の機会を毎回毎回提供することは困難でしょう。個人としての成長もまた大きな仕事の報酬には違いありませんが、それを具体的に実感できる機会は昇進より少ないかもしれません。

だとすると、職場における日々のコミュニケーションでベースとなる報酬は、そうした機能的な価値ではなく、**「頼りにすること」「評判や栄誉をつくりだすこと」**といった**情緒的な価値**なのではないでしょうか。

【上司2】の言葉が多くの人に刺さるのは、**【上司2】はそうした価値の成り立ちをよく理解している**からです。

価値のフレームワークを理解すると、このように今まで人の心のひだに隠れて見えなかった価値が浮かび上がって見えてきます。ここでは上司と部下の関係を例にあげましたが、これは親子を含むあらゆる人間関係に応用できます。

それを意識して日々の会話に応用することで、皆さんのコミュニケーションはよりカラフルになることでしょう。

マーケターのような生き方
POINT33

あらゆるコミュニケーションにおいて価値のフレームワークを意識する。

雑談で相手が重視する「価値」を聞き出す

❖「雑談」はマーケティングリサーチである

こうしたコミュニケーションができるようになるには、まず何より、ＳＴＥＰ２で整理した**「価値の体系」を把握しておく**必要があります。

しかし、それだけでは不十分です。そんな価値のバリエーションの中から、**相手にとって何がいちばん重要なのかを「聞き出す・探り出す」能力**も欠くことができません。

私は営業のプロではありませんが、いわゆる広告主の経験が長いので、広告営業の相手方になる機会は人並み以上に多いと思います。そんな立場からよく観察していると、優れた営業パーソンには共通点があると気づきます。

それは、**雑談を大事にしている**ということです。

もちろん、ただ雑談をしているわけではありません。彼女たち／彼らが何をやっているかというと、**私たち顧客にとって何が大切なのかを、雑談の間に密かに探っている**のです。

多くの場合、人は自分が何を求めているかを言語化できないですし、そもそも自覚すらしていない場合も少なくありません。自覚していて言語化もできるけれど、言いたくないということもありえます。

マーケティングリサーチの1つである顧客インタビューでは、人間のコミュニケーション能力をフルに活用して、口振り、身振り、表情からそのヒントを見つけ出すわけですが、その際重要なのは**相手がリラックスしていること**です。

相手がリラックスしていると、より本音が引き出しやすくなります。そんな理由から、消費財企業では、消費者のご自宅にお邪魔する「ホームビジット」を実施することもしばしばです。

営業パーソンが基本的には相手方を訪問するのも、本来は礼儀作法うんぬんではなく、相手をリラックスさせるための心がけなのではないでしょうか。そして、その上でさらに相手をリラックスさせるための「秘技」が雑談なのです。

つまり**雑談とは、ある種の顧客インタビュー**だと言えます。

優れたマーケターは、価値の成り立ちをよく理解しているのみならず、そんな「知識」をベースにして、相手にとっての価値を探り出す「対話の技術」に長けています。知識と違い、技術を身につけるにはひたすら実践を繰り返すほかありません。「顧客インタビュー」はまさにその実践の場なわけですが、そんな機会はない、という方も心配ありません。

明日の仕事で繰り広げる**お客さんや上司、部下、他部署の同僚との「雑談」は、皆さんの心がけ次第で「顧客インタビュー」に様変わりする**のです。

❖雑談を「顧客インタビュー」にしてみる

そんな顧客インタビューの実践例を1つ紹介しましょう。

書籍のプロモーションには「サンヤツ広告」という新聞広告がよく使われます。新聞1面の下3段を横に8等分した、七夕の「短冊」のような広告です。

昔はとても効果があり、大手出版社が取り合っていた時期もあると聞きますが、今は新聞

こちらが最高にリラックスすれば、ゲストも最高にリラックスしてくれる。これが最高のインタビューを生むんだよ。

――ラリー・キング（アメリカの司会者、トークの帝王）

『サードドア』アレックス・バナヤン、東洋経済新報社

自体の発行部数が減少しているので、昔ほどの効果は見込めないでしょう。私が以前出版した書籍の担当者さんに話を聞くと、「正直効果はあまりないですね。まさに七夕の願いごとみたいなものですよ」などという冗談めかした答えが返ってきました。

そもそも、新聞広告ではその効果を測りようがないので、良いも悪いも推測するほかありません。

一方で、デジタル広告はより少額から出稿でき、細かい出し分けも可能で、かつその効果のほどを可視化することができます。そこで著者ではなく一マーケターとして、デジタル広告をおすすめしてみるのですが、なかなか首を縦にふってもらえませんでした。

そんなある日、個人的な興味から、デジタル広告の営業パーソンになったつもりで営業活動のシミュレーションをしてみました。

「サンヤツ広告」と比べてデジタル広告に劣るところがあれば、それを聞き出してみたかったのです。サンヤツ広告を「買う理由」と、デジタル広告を「買わない理由」の探索です。実利価値ではデジタル広告に明らかに分があるわけですから、その理由は直接聞いたのでは引き出しにくい、それ以外の価値にあると考えました。そうなると「雑談」でしょう。

顧客インタビューの基本は、**相手に気持ちよく自分のことを話してもらえるよう、よい聴き手になること**です。インタビュアーが自分のことばかりを話すなどは言語道断。相手に興味を示し、その話に大きな価値があると感じていることを、表情や口ぶりで伝えていきます。

雑談を顧客インタビューにするための秘訣も、これと同様です。

「○○さんはこれまで何本くらいサンヤツ広告をつくってきたんですか？」

「それはすごいですね。いちばんの傑作は何ですか？」

このように話をふって、これまでの「**武勇伝**」や「**伝説**」**を聞き出す**のです。そんなトークの中から、この担当者がサンヤツ広告の何に価値を感じているのか、逆にデジタル広告の何に懸念を覚えているのかを探っていきます。

雑談を通じて、以下のようなことが浮き彫りになりました。

まずはデジタル広告に対する懸念です。デジタル広告の1つの難点は、いつどこに掲出されるかわからないということです。極端な話、ポルノサイトや犯罪支援サイトに広告が出てしまうこともあり得ます。そうなると、その書籍や著者、出版社の評判に傷がついてしまいます。

人と話をするときは、その人自身のことを話題にせよ。そうすれば、相手は何時間でもこちらの話を聞いてくれる。

――ベンジャミン・ディズレーリ（イギリスの政治家、小説家。元首相）

『人を動かす』デール・カーネギー、創元社

新聞というのは、そうしたリスクがもっとも低い媒体と言えるでしょう。**「保証価値」が抜群**なのです。これは、ある意味信用商売である出版社にとっては、とても大きなポイントに違いありません。

また、いつ掲出されるかわからないとなると、担当者も著者も、その広告を確認することができません。担当者は「○○に広告が出ましたよ」と報告することで、関係者を盛り上げることができません。著者は「自分の書籍の広告が○○に出た」と、友達や家族にＳＮＳで自慢することができません。この点で、**権威のある新聞に出る広告というのは、担当者や著者にとって大いに「意味がある」**と考えられます。**「評判価値」**や**「共感価値」**です。

このような「サンヤツ広告」のメリットを、担当者は「何となく感じていた」のだと思いますが、それを価値として言語化できてはいませんでした。だからこそ「七夕の願いごとのようだ」と自嘲しながらも、サンヤツ広告をやめてデジタル広告に移行してはいなかったのです。まさにこのようなポイントをつきとめるのに、「雑談」は強力な武器となります。

私が実際にデジタル広告の営業担当だったら、この発見をさっそく広告商品の開発担当者にフィードバックするでしょう。リスクのない、権威のあるサイトにだけ広告が掲載され、かつ掲載画面をキャプチャーして担当者に送れる広告商品をつくってほしい、といった具合です。
そうしたデジタル広告が開発できたらしめたものです。この担当者に採用してもらえるのみならず、他の出版社にも横展開できる可能性が高まります。

❖「相手のことはわからない」からこその知恵

このように仕事や日常の場面に置き換えてみると、**「相手にとっての価値がわかる」とは、つまりは「人の心」がわかるということ**だと気づきます。

しかし、元も子もない話をしてしまうと、人の心なんて実際には誰にもわかりません。
私の両親でさえ、いまの私が何を考えて生きているか、何を思ってこの本を書いているのか、きっと想像もつかないでしょう。人が生きて成長している以上は、心も日々カタチを変えているということもあります。

むしろ**マーケティングは、「人の心はわからない」という前提に立った知恵**なのです。
人の心がわかるというのは、生まれ持った特性のように思われがちです。もちろんそういう面もあると思いますが、それではそんな「人の心がわかる」人は、自分の家族・友人・恋人の心をどれだけ理解しているでしょうか。

人の心を理解するというのは、誰にとってもたいへん難しいことです。**だからこそ人類はこれまで、企業・商人が総出で、マーケティングという英知を積み重ねてきた**のです。対人レベルでも、対集団・対大衆のレベルでも、それが自然とできてしまう天才はたしかにいます。いわゆるヒットメーカーとはそういう人たちなのでしょう。自分がそうであるという自信がある人には、このＳＴＥＰは必要ないかもしれません。

ですが、そうではない人も、絶望する必要はありません。私たちには、**人の心を知るための「マーケティングという人類の英知」がある**のです。

マーケターのような生き方
POINT 34

「雑談」を、「相手を深く知るための顧客インタビュー」にする。

CASE 2

価値を定義する　TRY

BUSINESS
ビジネス

あなたの会社の商品・サービスは「価値の4象限」のどの価値を提供しているか、考えてみましょう。

CAREER
キャリア

あなた自身が会社に提供している価値を、「価値の4象限」で分析してみましょう。

PRIVATE
プライベート

家族や友人に「お願いごと」をするとき、「価値の 4 象限」を意識してみましょう。

STEP 3 価値をつくりだす
――「自分がやるべきこと」がわかる

1 なぜ「価値をつくりだす」のか？

価値のレシピを覚える

ＳＴＥＰ２でご説明した「価値の定義」は、マーケティングの心臓部です。

しかし、いかに価値がうまく定義できたとしても、それだけで安心してはいけません。**その価値を実際につくりださないと、文字どおり「絵に描いた餅」で終わってしまいます。**絵に描いた餅では、もちろん誰の役に立つこともできません。

「市場の定義」では、相手とする集団を設定しました。「価値の定義」では、その相手にとって何が価値であるのか、相手がどんな価値を求めているのかを明らかにしました。

では**そこで明らかにした価値を提供するためには、いったいどのような商品やサービス、コンテンツをつくっていけばいい**のでしょうか？

たとえばYouTuberを始めるとして、具体的にどのような動画を作成すればいいでしょうか。どんなコーナーを用意し、どんなセットや衣装を準備して、どんなチャンネルのタイトルにし、時間は何分くらいがいいのか。決めなくてはいけないことは無数にあります。

そうしたことを決めていくためには、まず「**どのような要素が、どのような価値に結びついているのか**」を理解する必要があります。機能的な価値は何となくイメージできると思いますが、情緒的な価値はどうやってつくりだせばよいのか、なかなか想像がつかないでしょう。

甘くてコクがあり、口あたりのいいプリンをつくりたいというイメージがあっても、材料や必要な調理器具、つくる手順を記した「レシピ」を知らないと、それをカタチにすることはできません。

「価値をつくりだす」についても同じです。**相手が必要とする価値を実現するには、それらの価値をつくりだすための「レシピ」を知らなくてはいけない**のです。

❖価値の料理には「相手の味見」が必要

味覚は人それぞれです。しかし、誰かにとって甘いものが他の人にとっては辛かったり、誰かにとってしょっぱいものが他の人にとっては無味だったり、ということはありません。

一方、**価値観は味覚とは比べ物にならないくらい多様**です。「こけし」に数万円を払う人もいれば、同じアイドルのＣＤを１００枚買う人もいます。こうした消費行動の選択は、その価値がわからない人からすると意味不明ですらあるでしょう。

そのため、これから紹介する「価値のレシピ」は、原材料と調理器具くらいのことしか書かれていない大雑把なものです。評判価値をつくるには「パッケージ」のこの部分を使います、共感価値をつくるには「主張」のこの部分を使います、といった具合です（ここで言う

「パッケージ」「主張」が何なのかについては、後ほどきちんと説明します）。
それらを具体的にどう調理するかは、**自分ではなく相手に味見をしてもらいながら決めていきます**。

つまり、マーケターはここでも相手との対話を絶やさずに、商品やサービスづくりを進めていくのです。

マーケターのような生き方
POINT 35

「価値のレシピ」を知り、相手との対話を通じて価値をつくりだしていく。

GAFAの強さは「価値をつくりだす」力にある

こうした相手との対話は、**商品やサービスをつくりだした後**も続きます。
満足度に関するアンケートをとったり、ユーザーイベント・ファンイベントを企画して、よりよくできる点や改善要望を聞き出したりします。

　この考え方をいちばん徹底的に追求しているのは、実は**グーグルやフェイスブック、アマゾンなどの巨大インターネット企業**だったりします。

　そうした企業には、ウェブサイトやアプリに残されたお客様の「足跡」を分析する専門家がいて、使いづらいと思われる箇所を特定し、毎日のように改善しています。

　私たち利用者がそれに気づかないのは、その改善があまりに微に入り細に入っているからです。その細かさは、しばしば「狂気」にもたとえられます。

　実際に、アマゾンはその行動指針の筆頭に「カスタマー・オブセッション」を掲げています。「オブセッション」とは「取りつかれたようなこだわり」という意味です。「取りつかれたように顧客視点で考えろ」というメッセージは強烈ですが、それは決して口先だけではないのです。

　よく知られていることですが、グーグルもフェイスブックもアマゾンも、決して検索エンジンやＳＮＳ、ｅコマースの「元祖」ではありません。３社すべてに、それぞれの領域における先駆者がいました。

　にもかかわらず、３社が文字どおり世界を制することができたのは、ひとえにそうした機能や使い勝手の「磨き込み」ゆえではないでしょうか。そして、その磨き込みは、絶え間ない相手との対話を通じて行われてきたのです。

グーグルやフェイスブックの日本支社幹部には、Ｐ＆Ｇなどの大手消費財企業出身者が少なくありません。消費財のマーケターと大手ＩＴ企業の相性がいいのは、**そんな対話を通じた商品づくりがよく似ているから**ではないかと考えています。

さて、ここからは、そんな「価値のレシピ」や「対話を通じた商品づくり」を、実際のマーケティング実務のなかで見ていきましょう。

マーケターのような生き方
POINT 36

「対話を通じた商品づくり」は、ＧＡＦＡの躍進の秘密でもある。

最も重要なことは、取りつかれたように顧客に集中することだ。私たちのゴールはこの地球上で最も顧客中心の会社になることだ。

――ジェフ・ベゾス（アマゾン創業者）

「Amazon: The Most Convenient Store On The Planet」Shep Hyken、Forbes（forbes.com）

2 「価値をつくりだす」マーケターの思考と技術

ものづくりの「役割分担」

「価値をつくりだす」におけるマーケティング実務の話をする前に、この工程に携わるその他の部門とマーケティング部門の「**役割分担**」について、少しお話しさせてください。

会社によっては、商品づくりはすべて研究開発部門（Ｒ＆Ｄ）がやっているというところもあります。そうした企業にお勤めの方は、マーケティングがいかにしてそこに関わってくるのか、少し想像しづらいと思います。

価値を商品やサービスとしてカタチにするというと、メーカーであれば工場で行う「製造」をイメージする方がいるかもしれませんが、それはマーケティングの範疇の外になります。

ものづくりにおけるマーケティングの役割は、**工場に渡して「生産」「量産」してもらうための「設計図」をつくるところまで**です。

これまで、多くの日本企業では、研究開発部門がこの設計図づくりを担ってきました。マーケティング部門の守備範囲は、主にこの次の工程である「価値を伝える＝広告宣伝」に限られていました。

一方、欧米の消費財企業では、以前よりこの設計図づくりにマーケティング部門が深く関わってきました。そして、最近は日本でもこの欧米型のフォーメーションに変える企業が増えてきています。

理由は**「機能・品質」の横並び化**です。価値で言うと「**実利価値**」や「**保証価値**」の話です。消費財でも家電でも化粧品でも、基本的な機能はみんなそこそこに良く、どれも大差はないというのが現代です。実際には差があったとしても、たとえばテレビのリコモンの蓋に隠れたボタンのように、利用者がそこまで気にするものではなかったりします。

今日、多くの商品カテゴリーにおいて、**勝負の分かれ目は「機能・品質」から「主張」や「外観（パッケージ）」に移ってきました**。価値で言うと「**評判価値**」や「**共感価値**」の世界です。

そうした価値は研究開発のラボではなく、深く顧客に根差しています。そこで、顧客理解のプロであるマーケターが商品開発に深く関与するようになってきました。

テクノロジーの進歩が速いＩＴ系の商材などでは、引き続き「機能・品質」も重要です。

しかし、進歩の速さゆえに、新しい技術や機能の候補は常に無数に存在します。

一方で、エンジニアの人件費高騰に伴い、開発費は増加の一途をたどっています。たとえばスマホゲームの開発費は、大きなタイトルではいまや数十億円にものぼります。

どんな「機能・品質」でライバルに差をつけるかは、失敗が許されない死活問題です。顧客をしっかりと理解したうえで「ハズレ」をなくしたいと考える企業は、ここにもマーケティングの視点を取り入れるようになりました。

かくして、現代の商品づくりは、**マーケティング部門と研究開発部門の共同作業**で行われるようになってきたのです。

マーケターのような生き方
POINT 37

商品開発はマーケティング部門と研究開発部門の「共同作業」で行う企業が増えてきた。

「価値を定義する」と「価値をつくりだす」の関係

「商品づくり」には「価値を定義する」と「価値をつくりだす」の概念が混ざっているのでややこしいですが、両者の関係性を整理すると図表3のようになります。

機能的な価値を実際にカタチにするのは研究開発部門ですが、**情緒的な価値に関しては「定義する」も「つくりだす」もマーケティングがリード**していきます。

❖ 商品は「機能・品質」「主張」「外観（パッケージ）」の集合体

先ほどから**「機能・品質」「主張」「外観**（パッケージ）」という言葉を使っていますが、この本では**「商品」をこの3つの要素に分解**して考えています。

これは、以下の「マーケティングの6P」を参考に

図表3　商品開発における研究開発とマーケティングの関係

	商品・サービスに顧客が何を求めているかの理解（価値を定義する）	商品・サービスの具体的な設計（価値をつくりだす）
機能的な価値（実利価値・保証価値）	研究開発&マーケティング	研究開発
情緒的な価値（評判価値・共感価値）	マーケティング	マーケティング

した考え方です。

プライス：価格
プロポジション：主張
プロダクト：機能・品質
パック：外観（パッケージ）
プレイス：販路
プロモーション：広告宣伝

「マーケティングの6P」は、「マーケティングの4P」の「プロダクト」の部分を、「**プロポジション**」「**プロダクト**」「**パック**」の3つに分解した考え方です。

まずは「**プロポジション**（**主張**）」**と**「**プロダクト**（**機能・品質**）」**の違い**について、具体例を使って説明します。

最近、東京の神楽坂に「1人で入る個室サウナ」がオープンしました。私はサウナが好きなのですが、これはとても良いサービスだと感じます。

一方、静岡に「サウナしきじ」というサウナがあります。ここはサウナの「聖地」と呼ばれており、全国のサウナ好きが「巡礼」に訪れます。サウナ以外には特に何もないのですが、とにかくサウナの質がとことん高いのです。

「個室サウナ」も「サウナしきじ」も、どちらも良いサービスですが、良さの尺度が異なります。後者が純粋な**品質**の良さであるのに対して、前者の優れたところは**「提案の切り口」**です。

このように、**商品の良さの尺度には「機能・品質の良さ」のほかに、「提案の切り口の良さ」もある**よねということで、6Pではプロダクト（機能・品質）とは別に、「提案の切り口」という要素を切り出して考えます。これが**「プロポジション」**です。

プロポジションには「命題」「提案」などいろいろな訳がありますが、この本では「主張」と訳しています。

もっとも、「主張」はかたちのない「概念」なので、それだけでは価値を生み出すことができません。「機能・品質」や次に説明する「外観（パッケージ）」、またはたとえば「エコ」であれば環境保護団体への募金など、それを裏づけするアクションで具体化されます。その意味では、「主張」は「機能・品質」「外観（パッケージ）」と必ずしも横ならびのものではないことにご注意ください。

「外観（パッケージ）」は商品を包み込む外観全般を意味します。

たとえばシャンプーの「ＴＳＵＢＡＫＩ」を頭に思い浮かべてくださいと言われ、白くてドロッとしたシャンプーの内容液を思い浮かべる人はいるでしょうか。「はい」と答えた方は、おそらくメーカーの研究開発担当者でしょう。

普通の消費者にとっては、シャンプーと言われて思い浮かべるのは、その内容液ではなく、店頭やＣＭで見かけるパッケージです。つまり、**パッケージこそが商品だ**と言えます。

いいシャンプーの内容液をつくるのと、いいシャンプーのパッケージをつくるのでは、使う頭も必要な知識もまったく異なります。それゆえ６Ｐでは、その２つを「プロダクト（機能・品質）」と「外観（パッケージ）」に切り分けて考えます。

この**「機能・品質」「主張」「外観（パッケージ）」の3つこそが、価値を生み出す「原材料」**なのです。

❖3つの原材料の「組み合わせ」で定義した価値をつくりだす

ＳＴＥＰ２「価値を定義する」で提供すると決めた「価値」は、この３つの原材料を適切に組み合わせることで実現できます（図表4）。

「機能・品質」は「実利価値」「保証価値」を生み出してくれます。

「主張」は「評判価値」と「共感価値」それぞれの源となります。一方、「余計なものをそぎ落とし、○○本来の機能をとことん追求した商品」などという「主張」の場合は「実利価値」「保証価値」の土台にもなりえます。

「外観（パッケージ）」は主に「評判価値」を体現しますが、「主張」を具体化することで**「共感価値」**もあわせて下支えすることがあります。

このあたりの説明は抽象的なものだと理解しづらいと思いますので、後ほど具体例を使って解説していきます。

また、この本では専門的になりすぎるので余談としますが、外観（パッケージ）は「実利価値」「保証価値」とも密接に関係する重要ファクターです。

図表4　価値のレシピ

	実利価値	保証価値	評判価値	共感価値
機能・品質	○	○		
主張	（○）	（○）	○	○
外観（パッケージ）	（○）	（○）	○	（○）

たとえば、ランニングしながら口で開け閉めができるスポーツドリンクのキャップなどは、実利価値がパッケージで実現されている例です。シャンプーなどのパッケージは、内容液の品質を落とさず長く保存できるよう工夫されていますが、これは「保証価値」を実現していると言えるでしょう。

機能的な価値を実現する「機能・品質」に関しては、マーケティングは研究開発と一緒に「価値の定義」を行いますが、「価値をつくりだす」の工程は研究開発がリードします（図表5）。

たとえば「仕上がりがよく、整髪剤がすぐ落ちる男性用のシャンプー」という価値をマーケティングが定義し、それを実現するための処方（原料の配合）を研究開発が考えるといった連携プレーです。

図表5　価値の原材料とそれぞれの段階の担当部門

	商品・サービスに顧客が何を求めているかの理解（価値を定義する）	商品・サービスの具体的な設計（価値をつくりだす）
機能的な価値→「機能・品質」	研究開発&マーケティング	研究開発
情緒的な価値→「主張」「外観（パッケージ）」	マーケティング	マーケティング

一方で、主に「情緒的な価値」を司る「主張」「外観（パッケージ）」は、「価値を定義する」から「価値をつくりだす」を通じて、一貫してマーケティングがリードしていきます（ただし例外も多々あります）。

マーケターのような生き方
POINT 38

「機能・品質」「主張」「外観（パッケージ）」の組み合わせで価値をつくりだす。

コンセプトをつくる

ここまで、価値をつくりだす「原材料」である「機能・品質」「主張」「外観（パッケージ）」を説明してきました。いよいよここから、**これらをどう組み合わせたら望む価値が実現できるか**を考えていきます。

商品やサービスを開発するときは、はじめに「**コンセプト**」をつくります。ここでいうコンセプトとは、「**社内の開発コンセプト＝商品の企画書**」であり、広告のキャッチフレーズなどとして顧客に向けて使われるものとは異なります。

コンセプトには、商品・サービスの「機能・品質」「主張」「外観（パッケージ）」をそれぞれどうするかを記します。どんな価値を提供していくかは「価値の定義」で決めましたので、**それらの価値を実現していくために、「機能・品質」「主張」「外観（パッケージ）」をそれぞれどういったものにしていくか**、細かく定めていくのです。

❖「い・ろ・は・す」のコンセプトを「デコンストラクション」

商品やサービスの「コンセプト＝商品の企画書」が具体的にどういうものであるかは、フォーマットを含め独自のノウハウであり企業秘密なので、覗き見することはできません。

しかし、**すでに世の中に出ている事実を観察し、分析することで、企画書の内容を逆算することは**可能です。このようなエクササイズはマーケティングの世界では一般的で、たとえば博報堂ＤＹグループでは「デコンストラクション」と呼ばれ、トレーニングとして実践されているそうです。

ここでは、日本コカ・コーラが販売している天然水「い・ろ・は・す」のコンセプトを「デコンストラクション」してみましょう。

「実利価値」と「保証価値」は、「機能・品質」によって実現されます。

この意味でいう「い・ろ・は・す」の「価値」は、「ノドの渇きをいやしミネラルを補給できる天然水」「厳しい品質管理による安全性」あたりでしょう。しかし、これだけだとその他無数にある天然水との差が生み出せません。

そこで、**「主張」と「外観（パッケージ）」**の出番です。**これらは「評判価値」や「共感価値」という「情緒的な価値」を生み出す重要ファクター**です。

ホームページなどにも直接は書いてありませんが、「い・ろ・は・す」の「主張」は「（本来は環境によくないペットボトル製品だけど）環境にやさしい水」なのではないかと考えます。

ここでいう「主張」は、開発コンセプト＝商品企画書における表現を想像したものです。企画書における「主張」と、実際の広告キャッチフレーズなどは異なる場合がありますが、**それはWhat to Say（何を言うか）とHow to Say（どう言うか）の違い**によるものです。この点についてはＰＡＲＴ１のＣＨＡＰＴＥＲ２で説明したとおりですが、次のＳＴＥＰ４でもおさらいします。

このような「主張」を掲げることで、利用者は「自分が大事にしている価値観＝エコ」を守っている、という精神的な充足感を得ることができます。「**共感価値**」です。

マーケティングでは、慈善団体への寄付も「価値の交換」と考えます。寄付をする人は（人に知らせないかぎりは）１００％純粋にこの「精神的な充足感」とお金を交換しています。物理的には何の見返りもないのにお金を払う「寄付」という行為の裏にある心理を考えると、共感価値というものが持つ力がよく理解できるでしょう。

「エシカル（倫理的な）消費」という言葉がありますが、最近ではこうした精神的な充足感が、特に若い世代に重視され始めています。その意味では、**商品の「主張」が勝負の分かれ目になる**という傾向は、今後あらゆる商材で強まっていくでしょう。

こうした**「主張」は、もちろん「ただ掲げる」だけではダメ**です。掲げただけで実態のない「主張」は、長い目で見ればかならず崩れ去りますし、短い目で見て成功したとしても、それは詐欺になってしまいます。

「い・ろ・は・す」では、「１００％リサイクルペットボトル」「全国６カ所の採水地」などのアクションを通じて、「エコ」という主張を裏づけのあるものにしています。

「主張」は、「機能・品質」や「外観（パッケージ）」、あるいはこのケースのようにそれを裏づけするアクションで**具体化する**必要があります。

❖「評判価値」はいかにしてつくりだすか

別の情緒的な価値も分析してみましょう。「エコ消費」というのは、ある種のファッションにもなり得ます。「知的で最先端だな」と思われたい下心があって、エコな商品を選ぶ人も少なくないでしょう（実は私もそうです）。

トヨタのプリウスは、俳優のレオナルド・ディカプリオが愛用し、ファンにすすめたことで一躍有名になりました。他にもキャメロン・ディアスやジェシカ・アルバなど、海外のセレブリティにはエコに関心が高い人が多いですよね。

そういう人たちの影響で、エコ消費はカッコイイことだという風潮が生まれました。エコがファッションになったわけです。

「主張」をアクションで裏づけすることに加え、「**外観（パッケージ）**」でもわかりやすく「エコ」を表現することで、共感がより深まるだけでなく、使い手が自分はエコに関心があるとアピールできる、ひいては知的で先進的と周りから見てもらえるという、別の情緒的な価値をつくりだすことができます。「**評判価値**」です。

なお、ここでいう「外観（パッケージ）」には、実際の商品の外観＝入れ物（狭義のパッケージ）のほか、**ネーミング、ロゴ、VI（ビジュアル・アイデンティティ）、店頭での見せ方**

なども含めて考えます。

VI（ビジュアル・アイデンティティ）というのは、その商品にまつわる広告制作物の、デザインに関するガイドラインです。ロゴを使うときのルールはこうですよ、ロゴに使う緑の色味はこんな感じですよ、フォントはこれをこう使ってくださいなどと、デザインに関する決まりごとが事細かに規定され、それが厳格に守られます。

「い・ろ・は・す」は、この「外観（パッケージ）」の設計がとても優れています。

まずネーミングが秀逸です。「ロハス」は健康と持続可能性（エコ）を大事にするライフスタイルとして有名ですが、通りがいい反面、押し出しすぎると新しさや独自性に欠けた印象を与える懸念があります。そこに日本古来の「いろは歌」を掛け合わせることで、エコのイメージと親しみやすさ・インパクトを両立させています。

容器や広告物のデザインも、緑を基調とした、一見して明らかにエコを思わせるものに仕上がっています。単にエコを思わせるだけでなく、シンプルで現代的です。ファッションとしてのエコもうまく表現されています。

マーケターのような生き方
POINT 39

まずはコンセプト＝「機能・品質」「主張」「外観（パッケージ）」の組み合わせをつくる。

コンセプトを検証する

さて、ここまで、「い・ろ・は・す」のコンセプト＝商品企画書を「デコンストラクション」してきました。こうやって第三者が勝手に分析するのは簡単ですが、実際の商品づくりにはとても時間がかかります。

なぜなら、**そこにもまたお客さんとの対話がある**からです。

「価値を定義する」の工程で相手と対話しながら定義した価値は、この「**価値をつくりだす」の工程でも、相手と対話をしながら実現していきます**。

❖コンセプトテストと試作品

コンセプトを決めたら「**コンセプトテスト**」を行います。

これは、「機能・品質」「主張」「外観（パッケージ）」の組み合わせが、前の工程（価値を定義する）で決めた価値を正しく実現できているかを、顧客の声を聞きながら確認していく作業です。

具体的には、商品の特徴を文章やイラストで表現したものを見せて、どう感じるか答えてもらうアンケート調査を実施します。

「外観（パッケージ）」については、具体的なデザイン案を複数用意して、それを実際に見てもらい反応をチェックする調査を行うこともあります。デザイン案は紙にプリントアウトする場合もありますが、モック（模型）をつくってサイズ感も含めて確認してもらうと、より正確な調査になります。

コンセプトテストを経て商品開発が進み、**試作品が完成したら、それを使ってもらって感想を聞きます**。そのために、食品メーカーには調理と試食ができるテストキッチンがあり、ヘアケア用品メーカーにはシャンプーができる美容室のような部屋があります。パッケージの出来栄えをチェックするために、店頭を模した実験室で、実際に商品を選んでもらう調査をする場合もあります。

そうして「機能・品質」「主張」「外観（パッケージ）」のすべてを、**微に入り細に入り調整しながら、最終的な設計図に落とし込んでいく**のです。

❖顧客の声を聞きながら商品を改良する

商品を発売したらそれで終わり、ではありません。売れ筋を分析し、時にはお客さんの声を直接聞きながら、**商品に改良を加えていきます**。

「テストマーケティング」ということで、一部地域に限定して商品を展開し、そこで得た反応をもとに改良を加えて、その後、全国に展開するというやり方もあります。

「価値をつくりだす」の本質は、この相手との対話にあります。

「機能・品質」も「主張」も「外観（パッケージ）」も、すべて相手にとっての価値を実現するための手段でしかありません。大切なのは、**そうした手段をよく理解した上で、相手との対話を通じて価値をつくりだし、磨き上げていくこと**です。

マーケターは、普段あまり表舞台に出てきません。営業パーソンとは違い饒舌ではないかもしれません。しかし、このように商品を通じて日々、皆さんとコミュニケーションをしているのです。

いま身の回りにある、皆さんお気に入りの商品を手に取って、よく眺めてみてください。

マーケターの声が聞こえてきませんか？

ここで「い・ろ・は・す」のコンセプトを「デコンストラクション」してきたように、皆さんもぜひそこに潜むマーケターの声に耳を傾け、お気に入りの商品を分析してみてください。

マーケターのような生き方 POINT 40

つくりだしたコンセプトは、相手の声を聞きながら調整を続ける。

3 「価値をつくりだす」を仕事、キャリア、人生に生かす

「計画された偶然」を生み出す

キャリアを通じて、自分が誰に（どの市場で）、どう貢献するか（どんな価値を提供するか）が定まったら、今度は**その価値を身につけ、磨いていかなくてはなりません。**

しかし、自身の人材価値を形づくるのは職務経験であり、それは多くの場合、自分の一存では決められません。

それゆえ、自分自身の価値は、商品やサービスにおける価値のように能動的につくりだすことはできません。**「価値をつくりだす」を自分のキャリアに当てはめるには、この本の考え方をもう1つの考え方と掛け合わせる必要があります。**

❖「計画された偶然」理論

その考え方とは、**プランド・ハプンスタンス・セオリー（「計画された偶然」理論）**です。

スタンフォード大学の心理学者、ジョン・D・クランボルツ教授により提唱された考え方で、成功者のキャリアは偶然の積み重ねで形成されていると主張するものです。

この理論は、「キャリアを計画する」という考え方は非現実的であるとし、実際にほとんどの「キャリアプラン」は実現しないこと、個人のキャリアの8割は偶然の出来事で決まる

キャリアパスとは、今日どこに向かうかを知っているということであって、必ずしも最終的な目的地がわかっていることではない。

――ジョン・L・ヘネシー
（スタンフォード大学名誉学長、グーグルの親会社アルファベットの会長）

『本物のリーダーが大切にすること』ジョン・L・ヘネシー、ダイヤモンド社

こと、**その偶然に全力で対処する経験の積み重ねでよりよいキャリアが形成される**ことを明らかにしています。

クランボルツ教授自身が高名な学者であり成功者だと言えますが、そのキャリアはまさに「計画された偶然」理論どおりのものでした。

教授が心理学を専攻に選んだのは、たまたまテニスのコーチが心理学を教えていたからでした。そもそもテニスを始めたのは、自転車に乗って知らない道を走っていたら子どもがテニスをしているのを見かけ、楽しそうだったからだそうです。当然のことながら教授は、「自転車に乗って知らない道を走ることで、将来高名な心理学者になる」というキャリアプランを立てていたわけではありません。

私も、この考え方を支持しています。

私の周りにはビジネスで成功し、富や名を成した人が何人かいますが、**全員が口を揃えて「自分はラッキーだった」と言います**。いいタイミングでいい出会いやチャンスに恵まれ、何も考えずただそれらに食らいついていたらここにたどりついた、と。まさに偶然の積み重ねというわけです。

しかし、その人たちは、本当に「ただラッキーだった」わけではありません。そこには、**「単なる偶然」を「キャリアアップの機会」に変える、何らかの意識的な働きかけがあったは**

ずなのです。

❖ 一貫性が偶然を「キャリアアップ」につなげる

では、その「**意識的な働きかけ**」とは何なのでしょうか。

たとえば転職の誘いを受ける、異動の打診をされる、興味のあるプロジェクトのメンバーが公募されている——これらはたしかに「偶然」ですが、**それに応じるか否かは自分の意思で選択できます**。

このように、自分にどんなカードが配られるかはたしかに偶然ですが、その中から1枚を選択するのはあくまで自分の意思です。そして働いている人は、**毎日何かしらカードの選択を行っている**と言っても過言ではありません。

「偶然」を「キャリアアップの機会」に変えるには、**そうしたカードの選択を一貫性を持って行う**ことが重要です。そして、**その一貫性の拠りどころを、これまでの工程で策定した「誰に」「どう貢献するか」に求めるのが、「マーケターのように」自分自身の価値をつくりだすということ**なのです。

どちらのカードを選択すれば、自分が果たすべき貢献がより大きくなるのか。どちらのカ

大切なことは何が与えられているかではなく、与えられているものをどう使うかである。
——アルフレッド・アドラー（『嫌われる勇気』で有名な心理学者）

『アドラー心理学入門』岸見一郎、KKベストセラーズ

ードを選択することが、果たすべき貢献につながる経験を導いてくれるのか。

そう問い続けることは、いつでも正解を保証してくれるわけではありませんが、**カードの選択にたしかな一貫性をもたらしてくれます**。

結局、人生は配られたカードで勝負するしかありません。自分は手札が悪い、あの人は手札が良い、と嘆いている時間からは、いっさい何も生まれません。

これは一見厳しい現実のようですが、見方を変えれば救いでもあります。運の良し悪しにはたしかに個人差がありますが、配られたカードで勝負しなければならない、という点では誰もが平等です。そして、**配られたカードの中から1枚を選択するのは自分自身**なのです。

配られたカードを一貫性を持って選び続けることで、偶然を味方にすることができ、半ば受動的にではありますが、自分のキャリアをデザインすることができるのです。

❖「配られるカード」のバリエーションを増やす

「誰に」「どう貢献するか」が定まらないうちは、**シンプルに「貢献」を意識する**だけでもかまいません。**迷ったら少しでも多くの人に貢献できるほうを選べ**、です。

若い人を見ていると、成長だったり自己実現を意識しすぎて、逆に成長できないというジレンマに陥ることが多いと感じます。私はこれを「**自己実現の呪い**」と呼んでいます。

仕事における成長は「実務経験」「上司のアドバイス」「読書や研修などの学習」によってもたらされますが、上から順番に7：2：1の割合で重要だと言われます。

学習の機会だけなら、自己実現意欲が高いだけの人でも手にすることができます。

しかし、**とびきりの仕事の機会は、組織への貢献が大きい人にしか与えられません**。仕事の機会が少なければ、上司のアドバイスをもらう機会にも恵まれないでしょう。

つまり、**成長したいのであれば、まず何より貢献を意識するべき**なのです。

そしてこれは、もう1つの重要な事実を示唆しています。**貢献を意識することで、仕事の機会=配られるカードのバリエーションが増える**ということです。

このように私たちは心がけと行動を変えることで、配られるカードの数や質に影響を与えることもできます。これこそが、「偶然」を「キャリアアップの機会」にするもう1つの要素です。

私はマイクロソフトに入って一度も「早く異動したいな。この仕事は自分のベストじゃない」と思ったことはありません。1992年に入社したときの仕事も、世界で一番素晴らしい仕事だ、これが最後の仕事になってもいい、と思いました。

――サティア・ナデラ（マイクロソフトCEO）

「Satya Nadella on the journey to becoming Microsoft's CEO & reimagining technology's impact」Khan Academy（YouTube）

マーケターのような生き方
POINT 41

貢献を意識することで「配られるカード」を増やし、日々の決断の根拠に一貫性を持たせることでキャリアをデザインする。

SNSは「自分の価値をつくる」最高の練習場

ソーシャルメディアで情報発信するときは、**誰もが自分のコンテンツの「商品開発担当者」**です。ここではそんな前提に立って、自分のコンテンツの「価値をつくりだす」をどう実践していくか、その手順を一緒に考えてみましょう。

「市場を定義する」で相手を決めて、「価値を定義する」で受け手が何を求めているかを考え抜いたら、いよいよ実際にコンテンツを作成していくことになります。ここからが「価値をつくりだす」の工程です。

たとえば、私が情報発信するケースを考えてみましょう。ブログサービスのnoteで人気記事を書くことをゴールに、「市場の定義」と「価値の定義」を以下のようにしたとします。

・市場の定義：30代くらいまでの若手ビジネスパーソン
・価値の定義：幅広いビジネスに役立つ基礎体力が身につく&「ノットイコール上昇志向」
という価値観に共感する

市場の定義は、「自己啓発に興味があるビジネスパーソン」などと**狭く絞りすぎない**ことを心がけました。それに合わせて、提供価値も「幅広いビジネスに役立つ基礎体力が身につく」と広めに設定しました。また、機能的な価値に加え、**情緒的な価値も提供する**ことを意識しました。

さて、それでは実際にどういうコンテンツをつくっていけばいいでしょうか。「機能・品質」「主張」「外観（パッケージ）」それぞれについて考えていきましょう。

❖機能・品質

この前段で「価値の定義」を考えるにあたり、簡単なインタビューを実施しました。

相手は、私がメンターとしてキャリアの相談に乗っている30代前半のビジネスパーソンです。勉強熱心な方ですが、いわゆる「自己啓発マニア」という感じではなく、仕事もプライベートもバランスよく充実させているタイプの女性です。

私の強みを活かし、ビジネス系の記事を書く前提で、どんなコンテンツを求めているかを探ってみました。その結果が、「幅広いビジネスに役立つ基礎体力が身につく」という機能的な価値の定義です。

自動車であれば、「世界最高水準の安全性」などといった概念的な（かたちのない）価値を実現するのは、「車線逸脱防止センサー」などの物理的な（かたちのある）機能です。記事の場合は、同じくかたちのない「コンテンツ」で概念的な価値を実現していくので差がわかりづらいですが、この場合の機能とは「幅広いビジネスに役立つ基礎体力」を、記事のテーマとしてより具体化したものと考えます。

インタビューを通じて感じたのは、**情報収集のやり方に対する悩み**です。

私が社会人になった20年前は、「『日経新聞』を読んでいないビジネスパーソンは信頼できない」などと先輩社員に言われ、慌てて購読を始めるような若手がたくさんいました。それは厄介な時代だな、と感じるかもしれませんが、どのように情報収集すればいいかに関しては、あまり悩む必要がなかったとも言えます。

対して今は、情報収集の手段が巷に溢れています。紙の新聞やビジネス書は言うにおよばず、ニュースアプリは百花繚乱で、YouTubeなどの動画コンテンツやオンラインサロンなども無数にあります。

そんななか、何を選べばいいのか悩んでしまうのは当然と言えば当然です。

ここから、「幅広いビジネスに役立つ基礎体力」の具体的な内容の1つとして、**「情報・知識のインプット方法」をテーマにしたら広く読まれるという仮説**を得ました。そこで、この記事が提供する機能を、「あの人忙しいのに普段どうやって知識をインプットしているの？という人の情報収集術が学べる」と設定しました。

✣ 主張

インタビュイーが「これ」という情報収集手段を決められないもう1つの背景には、**今あるものはどれも自分向きではない**、という感覚がありそうでした。ビジネス系のニュースアプリやオンラインサロンは、出演者からも視聴者からも強い「上昇志向」を感じます。

起業したいわけでも、出世したいわけでも、お金儲けをしたいわけでもない。でも自分の可能性を広げるための知識のインプットは続けたい。そういう自分には、既存のビジネス系コンテンツはあまり向いていない、と感じているようです。

そこで、「ノットイコール上昇思考」という価値観を掲げ、共感を得ようと考えました。

共感価値を実現してくれるのは、商品やサービスの「主張」です。

さきほどと同じく自動車の例を使うと、近年自動車は具体的な「機能・品質」ではなく、「都市型ＳＵＶ」などといった商品の「主張」で選ばれることが少なくありません。本来ＳＵＶはアウトドアスポーツを楽しむための車ですが、その機能性ではなくデザインを街で楽しみませんか？　という「主張」を、消費者は買っているのです。

このとき、この「都市型ＳＵＶ」という「主張」は、「遊び心がある大人だと思われる」などという評判価値や、「都会を『楽しむ』ライフスタイルに共鳴する」などといった共感価値をもたらしてくれます。

「都会を『楽しむ』ライフスタイル」（情緒的な価値）も「都市型ＳＵＶ」（主張）も、いずれも抽象的な概念です。これらの違い、つまり「情緒的な価値」と「主張」の違いは、後者が「商品を通じた」その価値観の提案である、という点です。

さて、私のnoteでは**「ノットイコール上昇志向」という価値観を、今回の商品である記事を通じて提案していく**必要があります。○○な記事、○○という記事、という主張に落とし込む必要があるのです。

　そこで、「なくてもいいけど、あると人生が豊かになる、そんな知識を提供する記事」という「主張」を考えました。

❖外観（パッケージ）

noteには「マガジン」という機能があり、自分が書いた記事を自ら作成した「マガジン」にまとめていくことができます。今回の「主張」は、記事そのものより、マガジンというくくりのほうが伝えやすいと感じました。そこで、新規にマガジンを作成し、そのタイトルを「知識の雑貨店」としました。

　また、その説明文を、「なくてもいいけど、あると人生が豊かになる、そんな雑貨のような知識を集めたマガジン」と設定しました。このマガジンに記事を格納していきます。

　このあたりの要素は、実際には、ネーミング&キャッチフレーズとして「外観（パッケージ）」の一部となります。**「主張」はかたちのない概念なので、「機能・品質」「外観（パッケージ）」とは必ずしも横並びの関係ではなく、それらに具体化してもらうことで価値を発揮します。**

また、写真やイラスト、デザインなどの視覚的な要素は、外観（パッケージ）の最重要項目です。

noteはデザインをカスタマイズできないので、ビジュアル面ではそれほど多くの工夫はできません。しかし、カバー画像をはじめ、文中に画像を挿入することはできるので、ある程度は見た目の印象をコントロールすることができます。

私の記事では、ここでも**「ノットイコール上昇志向」という価値観を伝えて共感価値をつくりだすために、カバー画像や挿入画像を少しだけ工夫**していきます。いかにもビジネス記事、といった感じのストックフォトではなく、被写体や写真そのものに芸術性や教養の感じられる、柔らかい印象のものを集めることにしました。

> **マーケターのような生き方 POINT 42**
>
> SNSで情報発信するときは、自分自身を「自分のコンテンツの商品開発者」と位置づける。

相手との対話で「自分の価値」をブラッシュアップする

さて、ここまで私のnote記事の「機能・品質」「主張」「外観（パッケージ）」について考えてきました。いよいよ製作開始、といきたいところですが、そうはしないのがマーケター流です。

ここでも**相手との対話を挟む**のです。

❖ 知人、関係者と対話する

これらの「機能・品質」「主張」「外観（パッケージ）」を文章でまとめると、以下のようになるでしょう。これが**この記事の「コンセプト」**です。

> なくてもいいけど、あると人生が豊かになる、そんな雑貨のような知識を集めたnoteのマガジン、「知識の雑貨店」を始めます。
>
> 1作目のテーマは情報のインプット。「あの人忙しいのに新しい話題にも見識が深い。いったいどうやって情報収集しているの？」そんな人が実際どのように情報収集しているかを解説します。

このような文章を何人かに見せて、「読んでみたいですか？」と反応を探ります。いわゆる「コンセプトテスト」です。「外観（パッケージ）」の雰囲気を伝えるために、文章の上に記事のカバー画像を貼っておくのもいいでしょう。

自分が直接知り合いに聞いたのでは、みんな気をつかって「面白そう！」「読んでみたい！」と言うかもしれません。そんなバイアス（偏見）を回避するため、友達や家族に頼んで自分を直接知らない人に聞いてもらう、というのも1つの手です。

❖ネットをつかってテストする

最近は安価で実施できる簡易なインターネット調査もあります。このようなコンセプトシートを複数案用意して、それぞれについて反応を見る、という調査を実施してみるのがいちばん確実です。

もっと手軽で、私がよく活用するのが、**ツイッターを使った調査**です。先ほどの文章を140文字に凝縮し、投稿して反応を見ます。調査の相手は私のフォロワーなので、自分が何者かを説明する文章は省けます。

反応の良し悪しは、**普段の投稿への反応と比較することで把握**できます。私の場合、「いいね」が10程度だと悪い反応、１００程度だと普通、１０００だと良い反応、１万だとかなり良い反応、といった感じです。

また、ツイッターにはアンケート機能もあります。今回はこのアンケート機能を使い、「忙しいのにいつも見識深い人が、どうやって情報収集しているか？」というテーマを、他のいくつかのテーマ候補と比較してみました。24時間で約３００の票が集まり、このテーマは「仮説のつくり方」というテーマと並びほぼ同着の2位でした。

確かな需要が確認できたと考え、もう１つの「仮説のつくり方」は第２弾のテーマとしてストックしつつ、さっそくこのテーマでの執筆にとりかかりました。

ツイッターでの調査は、**もちろん聞く相手が偏っているという問題はありますが、何の調査もしないよりは、はるかにいい**でしょう。この本はマーケティングの教科書ではなく、マーケターの考え方を生き方に活かすための指南書です。調査の専門家からは怒られてしまうかもしれませんが、皆さんが実際に実践できるということを最優先していることをお断りさせてください。

❖「真実の一文から始める」

こうしてできあがった記事が、こちらです。

「情報のインプットに大事なのは『頭の中に木を植える』こと」（https://note.com/pianonoki/：「情報のインプット　pianonoki」で検索）

こちらの記事は、幸いにして、２０２０年11月に「**最もスキされた記事**」の１つに選ばれました。

本来であれば、この記事を「いかにして広く伝えるか」という次のＳＴＥＰにも配慮が必要です。しかし今回は「価値をつくりだす」のケーススタディーですので、あえて特別なことはしませんでした。自分のＳＮＳで告知するだけで、あとは記事の出来栄えを信じ、たくさんの方に読んでいただけることを祈りました。結果を出すことができてホッとしています。

「ケーススタディー」というと少し誤解があるかもしれません。ここでしたいのは、ノウハウの話ではありません。「こうすれば読まれるだろう」という鉄則があり、その鉄則のとおり作成したらやはり読まれた、というようなことを主張したいのではありません。

ここで注目してほしいのは、「ノウハウ」ではなく「思想」です。**相手からスタートし、相手と対話をしながらコンテンツをつくりあげていくという考え方・心の持ち方**なのです。

ノーベル文学賞作家のアーネスト・ヘミングウェイは、『A Moveable Feast』という回想録の中で、フィクションを書く際の心構えとしてこんなことを述べています。

「真実の一文から始める」

マーケティングも同じです。マーケターが相手にするのは、「30代くらいまでの若手ビジネスパーソン」などという集団です。しかし、実際にはそんな集団は存在しませんので、言ってみればすべて架空の話＝フィクションなのです。

ただ、**そのフィクションは「真実の一人の顧客」から始める必要があります**。他でもないその人の役に立ちたい、その人の困りごとを解決してあげたい、という人間としての素直な感情からスタートします。そして、それが多くの人の困りごとであることを確認しながら、商品やサービスやコンテンツを心を込めてつくりあげていくのです。

マーケティングとは、そういう思想なのです。

本人に向かってそういったことは一度もないが、わたしはいつも姉に読んでもらうつもりで小説を書いてきた。もし、わたしがなんらかの芸術的統一性に達しえたなら、その秘密は姉にある。

――カート・ヴォネガット（アメリカの国民的SF作家／ヒューマニスト）

『スラップスティック』カート・ヴォネガット、早川書房ソーシャルメディアでの情報発信は、「マーケターのように生きる」の実地訓練としてとても有益です。しかし、それを実践する場合は、あくまで「誰かの役に立つ」という心の持ち方を忘れないようにしましょう。

マーケターのような生き方 POINT 43

商品・コンテンツづくりは、「真実の一人の顧客」からはじめる。

STEP 3

価値をつくりだす　TRY

BUSINESS
ビジネス

あなたの会社の商品・サービスはどのような「機能・品質」「主張」「外観（パッケージ）」を備えているか、考えてみましょう。

CAREER
キャリア

あなたの日々の決断は「誰に」「どう貢献する」ことを判断基準にしているか、考えてみましょう。

PRIVATE
プライベート

STEP3「価値をつくりだす」の内容を参考に、実際にブログの記事を書いてみましょう。

STEP 4 価値を伝える
——「自分を必要とする相手」に見つけてもらう

1 なぜ「価値を伝える」のか？

「価値を伝える」は義務である

ここまでで、相手を決め、価値を定義し、それをつくりだすことができました。

でも、みんながそれを知らない、知ってはいるけれど価値を理解していない状態だと、誰にも使ってもらえず、結局は誰の役に立つこともできません。

誰かのためにつくりだした価値は、相手にしっかりと伝える必要があります。それは「**義務**」ですらあります。この義務をしっかりと果たすための心がけや方法論をまとめたものが、いよいよ最後のステップとなる「**価値を伝える**」です。

やっかいなことに、この「価値を伝える」という工程は、過大評価されるか過小評価されるかのどちらかだったりします。広告宣伝だけですべてが解決できると考えられるか、広告宣伝など人間の知性の無駄遣いだと見下されるかです。

正解はどちらでもありません。**いい商品をつくり、それを広告宣伝で伝える。その両方ができてはじめて、企業は価値を生み出せます。**商品が広く知れわたらず、使ってもらえなければ、当然価値は実現できません。パナソニックの創業者、松下幸之助さんの言葉をここでもう一度、引用します。

> われわれ商人・産業人には「この商品をあなたがお使いになれば、便利で利益になりますよ」ということを消費者にお知らせする義務がある。その義務を果たすために「宣伝」をするのだ。

（チェスについて述べて）広告エージェンシーのほかじゃどこでも見られないほど手の込んだ人間の知性の無駄使いだ。

――フィリップ・マーロウ（レイモンド・チャンドラーの探偵小説シリーズの主人公）

『The Long Goodbye』Raymond Chandler, Penguin

❖ 知名度や印象で選ぶのが「合理的」な理由

個人の場合でも同じです。

たとえば私が、リアクション系のYouTuberになったとします。コンテンツの完成度には自信があるとします。しかし、頑張れど頑張れど、チャンネル登録数は一向に伸びなかったとしましょう。

そんな現実に、「なんでみんな知名度や印象ではなく、コンテンツの魅力で判断してくれないんだ！」と吠えても仕方がありません。

なぜなら多くの場合、視聴者は、知名度や印象に頼らず、コンテンツの魅力だけで判断することが「**できない**」のです。あるいは、ある程度は知名度や印象でコンテンツを判断することが、実は視聴者にとっていちばん合理的だったりします。

第1に、情報があふれる現代の視聴者には、**すべてのコンテンツをくまなくチェックする時間がありません**。

現代人が1日に接する情報量は江戸時代の人の一生分だ、などという話を聞いたことはないでしょうか。確かめようがないので真偽のほどはよくわかりませんが、そこまで遡らずとも、日々接する情報の量が10年前と比べて爆増していることは誰もが実感しているでしょう。

以前はパソコンを立ち上げ、検索して見つけていた情報が、いまではスマホを開けばタイムラインに乗って毎分毎秒、意識に流れ込んできます。これらすべてをくまなくチェックするのは、物理的に不可能です。

また、仮にすべてのコンテンツをくまなくチェックできたとして、**それを公平に横並びで評価するには、かなりの時間と労力を要します**。そしていかに時間と労力をかけたとしても、**完璧な公平さを期するのはほぼ不可能**でしょう。

企業の購買部門で働いている人は、サプライヤーさんを選ぶとき、エクセルで評価シートをつくったりするのではないでしょうか。サプライヤーさんの提案をいくつかのポイントに分けて全員で評価し、合計点を出して、それをもとに判断するようなやり方です。

このような評価を個人でやるには時間と労力がかかりすぎるので、いくつかのメジャーな消費者向け商材には、そんな横串の評価を専門とする「評論家」が存在するわけです。

しかし、今度はそうした評論家をどう評価すればいいかという問題に直面します。たとえば自動車評論家は、日本カー・オブ・ザ・イヤーの選考委員に選ばれている人だけでも60人ほどいます。そうなると候補の自動車をふるいにかけるより、評論家をふるいにかけるほうがよっぽど大変です。

❖アピールは「相手の役に立つ」ために不可欠な行為

こうしたことをすべて考え合わせると、大ハズレを避けるために知名度や印象などでふるいにかけた上で、限られた選択肢の中でじっくりと比較検討をするという行動は、実は**消費者にとってきわめて合理的**であることがわかるでしょう。

すべての選択肢を公平に比較することは不可能です。あるいは、そうしないほうがずっと合理的です。

だとすると、**相手の課題を解決するためには、そして最終的に相手の役に立つためには、自らをアピールすることで検討のテーブルに乗らなくてはならない**のです。

マーケターのような生き方
POINT 44

広告・宣伝、自己アピールは、価値を提供する者の「義務」である。

自分をアピールすることへの抵抗感を払しょくする

相手の課題を解決するには、自らをアピールしなくてはなりません。

真面目にいいものを提供し続けていれば、いつか誰かが見出してくれる。真面目にいい仕事をしていれば、いつか誰かが気づいて取り立ててくれる。そんなことは、実際には残念ながらほとんどありません。夢のない話かもしれませんが、ビジネスにおいても個人のステップアップでも、それが現実です。

真面目にいい仕事をしている人はたくさんいます。その中の何人かは、さらにそのうえで、自分をアピールすることを怠っていないのです。そんな人たちを尻目に、自らをアピールせずにただ「見出してもらおう」と考えるのは、少し子どもじみた考えかもしれません。

もっとも、**自らをアピールするというのは、ない実力を誇張したり、偽りのイメージを植えつけることではありません**。それでは「価値の交換＝マーケティング」は成り立ちません。

まったく実力のない人が評価されたり、価値の伴わない商品がヒットすることも時にはあります。それは社会の「バグ」のようなものです。きっちりとプログラムされたシステムにもバグが起こるのですから、人間社会でそれが起こらないと考えるほうが不自然です。

これまでより柔軟な形態で、人との緩やかな結びつきのなかで、複数の会社を相手に働くケースが増えるのにともない、他人に自分を印象づける必要が高まる。大勢のなかで自分の存在を際立たせることが重要になるのだ。

——リンダ・グラットン（ロンドン・ビジネス・スクール教授、『ライフ・シフト』著者）

『ワーク・シフト』リンダ・グラットン、プレジデント社しかし、バグはあくまでバグです。正常な状態ではありません。頻繁に起こるものでも、長い間放置されるものでもありません。

そうしたバグが目についてしまう人の中には、**自らをアピールすることに抵抗を感じる人**もいるでしょう。あのブランドやあの人は、いつもアピールばかりしている。実力で勝負していない。そんないわれのない批判が聞こえてくることもあるかもしれません。

しかし、そういったすべてを無視してでも、**価値を提供すべき相手には自分との出会いを届ける必要がある**のです。松下幸之助さんが「義務」と言ったのはまさにそのような意味です。

そうであれば、**いわれのない批判や周りの目は、気にしない**ことです。

周りの目が気になるのは、本当に気にすべきことにしっかりと集中できていないときではないでしょうか。皆さんが本当に気にしなくてはいけないのは、**いかにして相手の役に立つか**、ただその1点です。

個人としても商品やサービスを通じてでも、「相手の役に立つ」を実践し、成果をあげ評価されている人は皆、自分をアピールすることの大切さをよく理解しています。そうした実践者を見つけたら、ぜひ一度「自分をアピールすること」に対する考えを聞いてみてください。**批判者の声ではなく、実践者の声にこそ耳を傾けるべき**です。

このSTEP4では、皆さんがそんな実践者になるための方法論を紹介していきましょう。

マーケターみたいな生き方
POINT 45

いわれのない批判は無視し、アピールするべきことをしっかりアピールし続ける。

2 「価値を伝える」マーケターの思考と技術

価値は「3段階」で相手に伝える

自動車や旅行などの商品は、検討を開始してから最終的に購入に至るまで、平均約2カ月

友人には笑顔をもって接し、握手には心をこめる。誤解される心配などはせず、敵のことに心をわずらわさない。

――エルバート・ハバード（アメリカの思想家）

『人を動かす』デール・カーネギー、創元社

の「検討期間」があります。

消費財や飲料などはスーパーで即座に比較検討され、購入されますが、その場で即決できる背景には、評判や印象、過去の経験など、各ブランドに対する消費者の前提知識があります。そうした前提知識は、消費者本人には収集しているという自覚はありませんが、通常数週間から数カ月の時間をかけて、意識・無意識下に蓄積されていくものです。これもある種の「検討期間」であるといえます。

「価値を伝える」の工程では、**この「検討期間」を使った相手とのコミュニケーションを、ステップ・バイ・ステップで計画**していきます。

その計画のマスタープラン、大元の計画は**「カスタマージャーニー」**と呼ばれます。ジャーニーとは「旅」という意味もありますが、ここでは「経路」という意味で理解してください。都内発で最終目的地が金閣寺だとしたら、電車で品川まで行き、新幹線で京都まで行き、バスで金閣寺まで行く、といったような計画です。

価値が伝達されるプロセスをなぜ「経路」にたとえるかというと、以下の２つの点でよく似ているからです。

・中継地点がある
・各中継地点までの移動手段に違いがありうる

「価値を伝える」における中継地点は、**相手の「心の状態」**です。

より正確に言うと、「その商品やサービスについてどう思っているか」という心の状態をいくつかの「かたまり」に分けたもので、マーケティングの世界では「態度変容」と呼ばれています。この本では、この態度変容を、シンプルに次の3つに分けて考えていきます。

1：覚えてもらう
2：好きになってもらう
3：選んでもらう

それぞれ順番に見ていきましょう。

マーケターのような生き方
POINT 46

「覚えてもらう」「好きになってもらう」「選んでもらう」の3ステップで価値を伝える。

覚えてもらう

「認知」という言葉を聞いたことがあるかもしれません。このＣＭの目的は認知の獲得だ、などという使われ方をします。

認知とは「知っている」という状態です。**そもそも知られていなければ買ってもらえるはずもない**ので、認知は言うまでもなく重要です。

❖「知ってもらう」と「覚えてもらう」は決定的に違う

しかし、ただ「知られているだけ」ではあまり意味がありません。

実際には、○○を買おうかな、と思ったときに「**思い出してもらう**」ことが、「経路」の出発点になるからです。ここで思い出してもらえなければ、いくら知られていても検討の候補にあがることはありえません。

単に「知ってもらう」ことに比べて、**「覚えてもらう」ことの難易度は格段に高まります。**ためしに、あなたが「覚えている」輸入車メーカーを、可能なかぎりリストアップしてみてください。

いくつ思い出せましたか？

車好きの人でなければ、だいたい5～8個くらいではないでしょうか。では、次のメーカーを知っていますか？

・シトロエン　・プジョー
・ボルボ　・オペル
・アストンマーティン　・ジャガー
・ベントレー　・フィアット
・アルファ ロメオ　・ランボルギーニ
・フェラーリ　・ヒュンダイ
・GM　・フォード

だいたい全部「聞いたことがある」輸入車メーカーではないでしょうか。では先ほど皆さんが「思い出した」リストに、これらのメーカーは入っていたでしょうか。

実際に調査をすると、これらのメーカーは、日本においては「知られて」いても、検討時に「思い出される」ことは少ないという結果になります。

これが**「知ってもらう」と「覚えてもらう」の間に流れる大きな川**です。

それでは、なぜ「覚えてもらう」ことはそれほどハードルが高いのでしょうか。それは、**「記憶を積極的に書き換えてもらう」**必要があるからです。

英単語の暗記に置き換えるとわかりやすいでしょう。たとえば「忘却」という意味の英単語を挙げてみてください。**limbo**という単語はそのうちの1つです。

知らなかった方は、いまこの瞬間、この単語を「知った」ことになります。しかし、数ページ読み進んだ後にこの単語を「覚えて」いるかというと、それはまた別の問題でしょう。

❖「覚えてもらう」ための3つの方法

それでは、「覚えてもらう」にはどうしたらいいのでしょうか？　それには次の**3つの方**

法があります。

1：繰り返し伝える
2：自分ごとにしてもらう
3：心を動かす

学生のころ、英単語をどう覚えたかを思い出してください。皆さんも、実はここにある3つのテクニックを駆使して覚えていたはずなのです。

「**繰り返し伝える**」は単語帳です。単語帳がなぜ暗記の常套手段かというと、繰り返し＝反復練習ができるからです。

「**自分ごとにしてもらう**」は、実際に自分で使ってみることです。皆さんも覚えたい英単語をノートに書いてみたり、声に出して読んでみたりしたのではないでしょうか。また、作文や英会話で実際に使うと、単語は記憶に定着しやすいと言われますよね。

実際の会話で覚えたい単語を使ってみるのは、「**心を動かす**」という意味でも効果的です。人前で間違えて使って大恥をかいた経験がある単語は、その後ずっと覚えていたりします。

これは、心の裏側で「恥ずかしい」という感情が大きく動いているためです。

さて、突然ですが、**先ほどお伝えした「忘却」という英単語を覚えていますか？**

それこそすっかり「忘却」していた方は、前のページで確認してみてください。今度は前より記憶に定着するはずです。

❖「覚えてもらう」ためにクリエイティブを工夫する

このlimboという単語は、まず皆さんに「**繰り返し伝えられ**」ました。

そして、実際に「忘却」していたということで、皆さんにとって「**自分ごと**」になりました。

さらに、ハッとしたり、イラッときたり、驚いたり、恥ずかしかったりと、何らかの形で少しばかり「**心を動かされた**」のではないでしょうか。

皆さんには、このlimboという単語を覚える義理は何もありません。当然のことながら、皆さんが単語帳をつくってくれることも、自分で使ってみてくれることも期待できません。そんななか、この短時間でみなさんにこの単語を「覚えてもらう」となると、そこにはちょっとした工夫が必要です。そこで、ちょっと工夫をこらしてみたという次第です。

こうした工夫のことを、広告の世界では「クリエイティブ」と呼びます。

広告を見ている人に、皆さんの商品やサービスを覚える義理は何もありません。そんなななか、数秒、多くて数分という限られた時間の中で「覚えてもらう」にはどうしたらいいか。その手段こそがクリエイティブなのです。

私がアウディでマーケターとして働いていたとき、Ｑ２という小型のＳＵＶが新発売され、私のチームがプロモーションを担当することになりました。

分析の結果、Ｑ２の課題はまさにこの「覚えてもらう」ことだとわかりました。コンパクトＳＵＶはいちばんの成長カテゴリーとあって、自動車メーカー各社は競って大量のテレビＣＭを投入していました。そんな状況で頭一つ抜きん出て覚えてもらい、購入検討時に思い出してもらうのは至難の技です。

そこで、奇策に打って出ました。洗練されたイメージのラーメンチェーンと提携し、Ｑ２という名前の新しい麺料理をつくって全国で販売したり、お正月には巨大なシーソーをつくって車で餅つきをしたりしました。

高級車の型を破ったプロモーションは注目を集め、ニュースに取り上げられたり、ソーシャルメディアで話題になったりしました。すると、大量のＣＭを投下せずとも「繰り返し名前を聞く」という状況を生み出すことができます。

また、この車を検討してもらいたかった相手＝都会に住む知的職業従事者も、自ら話題に乗ることでＱ２を「自分ごと」にしてくれました。

さらに日本の文化であるラーメンや餅つきと、ドイツの高級車をかけ合わせた奇抜な映像は、視聴者に「驚き」を持って迎えられました。

まさに「**繰り返し伝える**」「**自分ごとにしてもらう**」「**心を動かす**」**のトリプルパンチで**「**覚えてもらう**」ことに成功した事例です。

❖ 思い出してもらう「場面」を定める

自動車のような「耐久消費財」の場合は、買おうと思って候補を思い出す機会も少ない分、一緒に思い出されるライバルの数もそう多くはありません。

しかし、たとえば飲食店などの場合、一緒に思い出されるライバルの数は膨大です。

こうしたケースで大事なもう１つのポイントは、「**どんな場面で思い出してもらうか**」**をうまく設計する**ことです。

「覚えてもらう」を目的とした広告は、ブランドと「それを思い出してもらいたい場面」を結びつけるマグネットであるとも言えます。

たとえば、皆さんが「マクドナルド」を思い出すのはどんな場面でしょうか。

・ハンバーガーを食べたいとき
・車の中で食事を済ませたいとき
・家族で食事をしたいとき
・仕事の作業や勉強をしたいとき
・手早く食事を済ませたいとき
・朝食を食べたいとき
・営業の合間に一休みしたいとき
・夕食をとりたいとき

こんなところではないでしょうか。では、マクドナルドのライバルである「バーガーキング」や「モスバーガー」の場合はどうでしょう。

ハンバーガーを食べたいと思ったときは、これらのブランドも候補にあがってくると思います。しかし、朝食を食べたい、車の中で食事がしたい、営業の合間に一休みしたい、勉強や作業がしたいなどのとき、マクドナルドのようにパッとは思い浮かばないのではないでしょうか。

これがブランド力の差です。正確に言うと、ブランド力を構成する「セイリエンス」と呼ばれる要素の差です。「セイリエンス」とは、そのブランドが思い出される場面の「数」と、それぞれの場面との結びつきの「強さ」のかけ合わせです。

マクドナルドのように、「さまざまな場面で」「いちばん最初に」思い出されるブランドは、強いセイリエンスを持っているということになります。

日本上陸当時のマクドナルドは、今でいうファミレスのような存在でした。言い換えると、休みの日に家族で食事をする、という場面でのみ思い出される存在でした。

そこから、自分たちが「思い出される場面」を怒涛の勢いで拡大していったのです。それにあわせ、以下のようなキャッチフレーズが開発されてきました。

・「朝食を食べたいとき」：朝マック
・「仕事や勉強の合間に一休みしたいとき」：マックカフェ
・「1人で夕食をとりたいとき」：夜マック

マーケターのような生き方
POINT 47

「繰り返し伝える」「自分ごとにしてもらう」「心を動かす」の3つの方法で「覚えてもらう」。

好きになってもらう

❖「好きになってもらう」がきわめて大切な理由

カスタマージャーニーには3つの中継地点がありました。ここからは2番目の「**好きになってもらう**」を見ていきましょう。

自分がシャンプーを買うときの行動を思い浮かべてみてください。

シャンプーが切れたら、ドラッグストアかスーパーに買いにいきます。シャンプーの棚に向かうまでの間に、いくつかのシャンプーを頭に思い浮かべるはずです。棚に着いたらそれらのシャンプーを目で追います。これらは意識している場合もあれば、無意識に行われることもあるでしょう。

このとき思い出される商品の集合を、「想起集合」と言います。ここまでで見てきた「思い出してもらう」とは、言い方を変えると「想起集合に入る」ことです。

シャンプーの棚には無数の商品が並んでいるので、想起集合がないと、私たちは思考停止に陥ってしまいます。海外のスーパーマーケットで日用品を選ぼうとして、棚の前でぼーっとしてしまった経験はないでしょうか。まさにあの状態です。

想起集合に入っていた商品を棚から見つけることができ、値段を見てさらに候補を絞ったら、**そこから後の択一はもはや「感覚」**で行います。どんなに合理的な人でも、勝ち残った商品の比較表をその場でつくったりはしないでしょう。

そして、この**「感覚による択一」を左右するのは、ブランドに対する好意**です。つまり、その商品を**「好きになっている」かどうか**なのです。

自動車などの「耐久消費財」では、シャンプーなどのＦＭＣＧ（ファスト・ムービング・コンシューマー・グッズ）とは少し違う意味で、この「好意」が重要になります。

耐久消費財を購入するときは、インターネットやカタログなどで事前にじっくりと調査をするでしょう。その上で候補を１〜２つのショートリストに絞り、店頭で現物をチェックして、店員の話なども聞いた上で最終的にサインをします。

インターネットやカタログなどで調査をするとき、**好意を持っているブランドから先に調べるのが人情**です。運よく思い出してもらえたとしても、あまり好きではないブランドは、調査が後回しにされるか、結局ほとんど調べられもしないかもしれません。

好意を持っているブランドにはひいき目も入ります。同じ情報でも好意的に解釈しようとします。

このように、**自動車などの耐久消費財でも、「好きになってもらう」が勝負の行方を大きく左右する**のです。

❖いきなり「ファン」をつくろうとしない

ここで言う「好きになってもらう」は、「ファンになってもらう」とは異なります。**「なんとなく好きになってもらう」**というレベルの話です。

「なんとなく」でいいのか？　と思うかもしれませんが、心配にはおよびません。そもそも、ここではまだ「なんとなく」というレベルの好意しか、つくりようがありません。

利用者が熱狂的なファンになるのは、そのブランドの価値を高く評価するからです。

相手にとって正しい価値が定義され、それがしっかりとつくり込まれていれば、利用者の増加に伴いファンも増えていきます。逆に、それなくして**ただ表面的に「ファンミーティング」などを行ったとしても、決して熱狂的なファンは育ちません。**

冨樫義博さんの漫画『ＨＵＮＴＥＲ×ＨＵＮＴＥＲ』は、熱狂的なファンを多く抱えることで有名ですが、冨樫先生はファンサービスなどどこ吹く風です。それどころか、突然何の前触れもなく連載を休み、それが２年に及ぶこともあったりします。

それでも『ＨＵＮＴＥＲ×ＨＵＮＴＥＲ』が支持されるのは、純粋に漫画としての価値が高いからでしょう。

❖ロイヤリティは「シェアが高いこと」の結果にすぎない

「ロイヤリティ（ブランドに対する忠誠心）」の成り立ち方にも注目しておく必要があります。

データを用いた科学的なマーケティングの祖として知られるアンドリュー・アレンバーグ氏は、「**ロイヤリティはシェアの結果である**」と主張しました。

つまり、ロイヤリティが高いブランドが高いシェアを勝ち取るのではなく、**シェアが高く、多くの人によく使われているブランドほど、結果としてロイヤリティも高くなる**傾向にあるということです。

これを証明するデータは、洗剤から航空機の燃料にまでおよぶさまざまなカテゴリーで、地域をまたいで観測されています。

同氏の名前を冠した「アレンバーグ・バス研究所」のディレクター、南オーストラリア大学のバイロン・シャープ教授は、この理由を「**みんな自分のママが好き**」という言葉で説明しています。長い時間接しているブランドには、利用者は必然的に愛着を感じるものだということです。

実際、どんなにオンボロでポンコツであれ、自分の車に愛着を感じない人は少ないでしょう。昔使っていた車にさえ、長い間、愛着を持ち続ける人もいます。

これが「ロイヤリティ」の正体であり、つまりは「熱狂的なファン」の正体です。

だとしたら、**広告活動だけで熱狂的なファンをつくることなど、できるはずもありません**。

まずは「なんとなく好き」という状態をつくりだし、実際に使ってみてもらい、価値を体感し続けてもらうことでしか、ファンはつくれないのです。


消費者には商品に「前向き」で「良い」イメージをもってもらえればいい。消費者があなたの商品を確かに良いと思っていて、競合の商品は定かではないと思っていれば、選ばれるのはあなただろう。

——ジョエル・ラファエルソン（アメリカの広告人、作家）

『Ogilvy on Advertising』David Ogilvy, Prion

❖「好きになってもらう」ための3つの方法

では、広告活動を通じて「好きになってもらう」には、具体的に何をしていけばいいのでしょうか。

主要なポイントは、先ほどの「覚えてもらう」と同じです。つまり、次の3つです。

1：繰り返し伝える
2：自分ごとにしてもらう
3：心を動かす

「繰り返し伝える」ことは、「覚えてもらう」のみならず、「好きになってもらう」ためにも重要です。

「単純接触効果」という言葉を聞いたことはあるでしょうか。単純に毎日同じ空間に居合わせるだけで、人は他人に親しみを感じるようになるという人間心理です。

よく会社で顔を合わせる（でも喋ったことはないし名前も知らない）他部署の人に、出張先の外国の街中で偶然出会ったという場面を想像してみてください。

「おー、何やってるんですか！」となりますよね。普段はより親しみがある自部署の同僚と比較して「知らない人」扱いになりますが、こうなるとある程度以上の親しみを感じていたことが浮き彫りになります。

これと同じ理屈で、**繰り返し接してもらうことは、そのブランドへの親しみを生み出します。**

ただし、やり過ぎには注意が必要です。特にデジタル広告では細かい出し分けが可能な反面、1度あたった人には何回も同じ広告が表示されるという事態を放置してしまいがちです。こうなると、好きになってもらうどころか逆に嫌われてしまうこともありえます。

「**自分ごとにしてもらう**」ことが親しみをもたらすのは、「みんな自分のママが好き」理論で見てきたとおりです。

利用者は、自分が実際に使っているブランドに、親しみとロイヤリティを積み上げていきます。トライアルなどで1度試しに使ってもらうだけでも、この効果を疑似的に生み出すことが可能です。

「**心を動かす**」ことは、「覚えてもらう」以上に「好きになってもらう」で重要です。はじめは印象が悪かった人でも、一緒に飲み会をしたりスポーツをすると、一気に打ち解けて仲良くなったりしますよね。それは裏側で「楽しい」「興奮する」といった感情が動いているからです。

人への好意と同様、**商品・サービスへの好意を上書きするいちばん確実な方法は、こうした手段を通じて「心を動かす」こと**です。

❖「覚えてもらう」「好きになってもらう」は同時に行う

このように共通の要素が多いため、**「覚えてもらう」ための広告活動と「好きになってもらう」ための広告活動は、1度で同時に行われるのが理想的**です。そのためには、多くの人に「繰り返し伝える」ためのメディアパワーと、「心を動かす」ための表現力が必要不可欠です。

この２つを兼ね備えた手段がテレビＣＭです。テレビＣＭがいまだに広告活動の王道であり続ける理由は、まさにここにあります。

電通が毎年発表している「日本の広告費」の２０１９年度版では、インターネット広告費がついにテレビ広告費を追い抜きました。ではテレビＣＭが落ち目なのかというと、まったくそうではありません。依然として広告費全体の27％を占め、30％のインターネット広告と双璧をなしています。

もっとも、全国ネットのテレビＣＭには、媒体費と制作費を合わせると億単位の広告予算が必要です。

そのような予算を持っていない場合は、**「覚えてもらう」「好きになってもらう」をステップ・バイ・ステップで考えていく**ことも必要です。具体的には、バナー広告や駅貼りのポスターなどで「覚えてもらい」、ウェブサイトに誘導して創業のストーリーに触れてもらうことで「好きになってもらう」、などといったやり方です。

バナーやポスターのように表現力が限られた媒体でも、心を動かして認知と好意を同時に勝ち取りたいと考えたときに、頼りになるのがコピーライターです。優れたコピーには、たとえそれがバナーの片隅にあっても、電車で誰かの肩越しに見ても、人の心を動かす力があります。

マーケターのような生き方
POINT 48

「繰り返し伝える」「自分ごとにしてもらう」「心を動かす」の3つの方法で「好きになってもらう」。特に「心を動かす」が有効。

選んでもらう

覚えてもらい、好きになってもらえば、相手に価値を届けられる可能性はグッと高まります。

しかし、ライバルも同じように広告を仕掛けてくるわけですから、一筋縄ではいきません。カスタマージャーニーの最終ステップとして、商品やサービスを**「選んでもらう」ための最後の一押し**が必要です。

その「最後の一押し」には、以下の３つのパターンがあります。

1：近くまで届ける
2：価値を知ってもらう
3：付加価値（おまけ）をつける

それぞれ、順番に見ていきましょう。

❖1：近くまで届ける

消費財のマーケターがチェックしている3大指標は、「認知」と「好意」と「配荷」です。過去のデータから、これら3つの指標と市場シェアの間には、高い相関があることがわかっています。

「認知」と「好意」は、それぞれ「覚えてもらう」「好きになってもらう」に該当します。最後の「配荷」が、ここで言う「近くまで届ける」にあたります。

配荷とは、商品をなるべく多くの棚に並べてもらうことを言います。そのためには、商品をなるべく多くのお店に供給し、かつ、お店の中でなるべく多くの棚を押さえてもらう必要があります。

いかに私が「い・ろ・は・す」のファンでも、水を買おうと入ったコンビニに置いてなかったり、あっても見つけられなければ、目についたライバル商品に浮気してしまうでしょう。せっかく覚えてもらい、好きになってもらっていても、**商品を「近くまで届け」られていなければすべてが台無し**なのです。

高い配荷率を実現するには、実際に棚を持っている小売店と交渉していくことになりますが、それには対策費用が必要です。商品をたくさん仕入れてもらう代わりに割引をしたり、店頭で目立たせてもらうために販促協力金を支払ったりするための費用です。

メーカーは、**覚えてもらい、好きになってもらうための「ブランディング」と、近くまで届けるための「流通対策」の間でうまくバランスをとる**必要があります。10億円ある費用をすべてブランディングに注ぎ込んで、立派なビールブランドを築き上げても、それがどこにも流通していなかったら、結果として価値を届けられません。

現在、スーパーの塩売り場に行くといろいろなブランドの食塩が並んでいます。しかし、塩が公社による専売だった時代、食塩のブランドというものは実質的に存在しませんでした。メーカーが流通を１００％コントロールできたので、店頭で選んでもらうためのブランディングは一切必要なかったのです。

これに似た構造を持っているのが、ＰＢ（プライベート・ブランド）商品のＯＥＭ生産です。「セブンプレミアム」など、コンビニやスーパーなどが売り出すＰＢ商品は、実は国内の大手メーカーが裏で生産を手がけていたりします。メーカーとしては流通対策が１００点満点なので、自らブランディングをする必要がないわけです。

逆に、ブランディングが際立っている例がアップルです。多くのファンが指名買いをするので、流通はむしろ「アップル製品を扱わせてください」とお願いする立場になります。
それゆえ、アップルは流通対策費を払うどころか、流通に対してさまざまな要求をすることができるようになります。家電量販店などでアップル製品だけ売り場が切り出されているのも、そのためでしょう。

いずれも極端な例をあげましたが、多くの場合メーカーは「ブランディング」と「流通対策」の間でバランスをとることになります。

商品を近くまで届けるための努力＝流通対策は、広告のように表に出ないので注意が向きにくいですが、**商材によってはブランディングと同じくらい、あるいはそれ以上に大切なマーケティング活動**です。

❖2：価値を知ってもらう

家電や自動車などの「高いお買い物」をするときは、何となく好きな商品をぱっと選ぶというようなことはしません。ウェブサイトやカタログなどを見て商品のウリを確認したり、専門家の意見や専門誌を参考に候補の商品を比較検討したりします。

このとき、そうした**メディアを通じて定義した価値をしっかりと理解してもらうこと**は当然、重要なマーケティング活動です。

シャンプーなどの消費財は、店頭において「感覚で」選ばれることが多いと言いました。しかし、細かい価値の検討がまったく行われていないわけではありません。

CMや店頭のPOPで「〇〇オイル配合、だから潤いしっかりキープ」などの価値が伝えられており、それが最後の一押しとなって商品を購入するということも多々あります。

また、「お試し価格」などで1度使ってもらい、その中で価値を理解してもらってリピートにつなげるというのも、年間に複数回購入するのが前提の消費財では重要な活動です。その際は利用時に毎回目にするパッケージや装飾のシールなどが、価値を伝えるためのメディアにもなります。

このような場面で価値を伝える際に注意しなくてはいけないのが、「**What to Say＝何を言うか（＝定義した価値）**」と「**How to Say＝どう言うか**」**の違い**です。

有名なキング牧師の演説のタイトルが、「私には夢がある」ではなく、「黒人に対する人種差別の撤廃を訴える」だったらどうでしょう。

これはキング牧師の「What to Say」をそのまま表現しています。内部の計画書としてはいいかもしれませんが、これをそのまま伝えたのでは、興味を持つ人はきっと多くありません。聞く側の視点に立って、聞く側の言葉で語られていないので、頭にすっと入ってこないのです。

そこで「How to Say」を工夫した表現が、「私には夢がある」です。まさにこのように「What to Say」を「How to Say」に翻訳するプロが、広告のクリエイターでありコピーライターなのです。

❖ 3：付加価値（おまけ）をつける

「選んでもらう」ための3つ目の方法が「**付加価値（おまけ）をつける**」です。一般的には「**セールスプロモーション**」と呼ばれます。迷っている人に最後の一押しをするために、割引をしたり「おまけ」をつけたりといった、**販売促進のキャンペーン**を展開します。

このセールスプロモーションは、経営陣や営業部門に大変人気です。効果がダイレクトに実感できるというのがその理由です。

実際、セールを実施すると、その期間中は顕著に売上が増えます。しかし、**ここにはトリックがあります**。

過去にウィスキーブランドを選んでもらうために、合理的な事実に訴えてみたことがあったが、うまくいかなかった。「コーラの実が50%多く入っています」というコカ・コーラの広告があっても、消費者はあまり惹かれないだろう。

――デイヴィッド・オグルヴィ（現代広告の父）

『Ogilvy on Advertising』David Ogilvy, Prion

第一に、定期的に割引セールを実施していると、かならずそれを待つ顧客が出てきます。むしろセールがなければもっと高く買ってもらえていたかもしれないので、実は売上を薄めてしまっているという側面もあります。これを「ダイリューション（希釈化）」と言います。

また、最終的に購入に至るには、それ以前の段階で覚えてもらい、好きになってもらっている必要があります。**セールの売上は、そのために投じた各種施策のアシストがあって初めて生まれたゴール**なのです。にもかかわらず、セールの費用対効果は、セールの実施にかかった費用とセール期間の売上だけで算出されがちです。

これは、サッカーで言えば、最後に点を決めたフォワードだけを評価しているようなものです。その上でフォワードばかり補強していたら、強いチームがつくれるはずもありません。

これとは正反対に、「値下げやセールはとにかく悪」と主張する人もいます。

本当にしっかりとしたブランドができていれば値下げは必要ない、値下げはむしろブランドの価値を下げてしまう、という理屈です。現にレクサスやアップルは値下げをしないではないか、というわけです。

たしかに一理あるのですが、それもまた極論です。

まず、ファンになるのは商品を使った結果であるという考え方を思い出してください。何にせよまず利用者を増やさないかぎり、ブランドは育ちません。大手が値引きを仕掛けてきたら、より利用者の少ないプレイヤーはそこに追随せざるを得ません。

また、本当に値下げはブランドの価値を下げるのでしょうか。

メルセデス・ベンツも、ＢＭＷも、アウディも、みんな値下げをします。飛行機のビジネスクラスやファーストクラスは、閑散期には必ず数十万円単位の値下げをします。

それでは、ベンツのＳクラスに乗りファーストクラスで旅行をすることの価値が、それにより損なわれているでしょうか。値下げをしないレクサスに対して、値下げをするメルセデスの価値は低いのでしょうか。そんなことはありません。

ブランドの価値が損なわれるのは、何よりそのブランドが期待を裏切ったときです。

「高い品質」がウリの自動車会社がリコールを連発したり、「丁寧なおもてなし」がウリの航空会社がひどい接客対応をしたりしたときにこそ、ブランドが損なわれるのです。一方でブランドに「値下げをしない」ことを期待する利用者はどれだけいるでしょうか。

ある種のブランドが値下げをしないということと、それらが高いブランド力を持っていることの間には、ある程度の相関関係はあっても因果関係はありません。

説得をしたいなら、「理由」についてではなく、「利益」について話せ。

——ベンジャミン・フランクリン（アメリカ建国の父の1人）

『Poor Richard's Almanack』Benjamin Franklin, Seven Treasure Publications

「レクサスは値下げをしないから、我々も値下げをするのはやめよう」というのは、「お金持ちはみんなベンツに乗っているから、私もお金持ちになるためにベンツに乗ろう」と言っているのと同じです。

「付加価値（おまけ）をつける」セールスプロモーションを実施するときの最大のポイントは、それを過大評価も過小評価もせず、**冷静に必要性と効果を分析すること**なのです。

マーケターのような生き方
POINT 49

「近くまで届ける」「価値を知ってもらう」「付加価値（おまけ）をつける」の3つの方法で、自分を選んでもらう「最後の一押し」をする。

さて、ＳＴＥＰ４「価値を伝える」は、これまでいちばんの長丁場になりました。しかし、普段の生活で目につくことが多いので、いちばんイメージしやすかったのではないでしょうか。

この本を閉じたら、ＳＴＥＰ４でチェックしてきたことを頭に入れて、身の回りの広告宣伝活動をよく観察し、分析してみてください。

特に「**誰に**」「**何をしてもらうための**」**広告活動なのか**という視点で分析すると、これまで気づかなかったことを発見しやすく、いい復習になると思います。

3 「価値を伝える」を仕事、キャリア、人生に生かす

「価値を伝える」をキャリアアップに生かす

❖出世するには「自分の価値を伝える」ことが不可欠

グローバル企業で出世するためのポイントは**ＰＩＥ**（パイ）だと言われます。ＰＩＥとは以下の３つの頭文字をとったものです。

- **パフォーマンス：仕事の実力**
- **イメージ：印象**

- **エクスポージャー：どれだけ目立っているか**

さらに注目すべきは、重要度の割合です。諸説ありますが、私がもっともよく聞いたのは、次のような比率です。

- **仕事の実力：1**
- **印象：3**
- **どれだけ目立っているか：6**

「どれだけ目立っているか」がダントツに重要だというから驚きです。

私はこれまでニュージーランド、イギリス、ドイツの会社で働いてきましたが、**このPIEの法則はどこの企業でも見事に当てはまっていました**。実際、職人気質で仕事はできるけれどあまり目立たないというタイプのベテラン社員が、出世ではどんどん積極的な若手に追い越されていくのを目の当たりにしてきました。

「コツコツと真面目にやっていれば、きっと誰かが見てくれている」という美徳のある日本の会社では、これよりはずっと「仕事の実力」が重視されるイメージです。しかし、**人事**

評価に「どれだけ目立っているか」や「印象」がモノをいう現実は変わらないのではないでしょうか。

❖「選ぶ側」の視点に立って考える

この比率に納得がいかない人は、1度**「選ぶ側」の視点**に立ってみてください。

大企業において、昇進の最終的な決済をする立場の人には、えてして100人規模の部下がいます。その中で昇進するのは毎年数人でしょう。

100人の実力をつぶさに把握して、それを公平な基準で横並びに評価するのは、理想としてはそれを目指すべきではありますが、**現実的には難しい**ところがあります。

数人の候補があがってきて、そこに自分がまったく認識していない人が含まれていたら、いかにその人の実績を裏づけるデータが用意されていても、なかなか選びにくいものでしょう。

反対に、自分が知っていて、その上いい印象を持っている人がいたらどうでしょうか。候補にあがってくる以上は実力には申し分がないはずです。だとしたら**その人を選ぶか、少なくとも有利な目で見てしまうのは自然なこと**です。

それでもまだ納得がいかないという人は、自分が英会話スクールを選ぶプロセスを思い浮かべてください。場所的に、あるいは予算的に通えるスクールの候補が１００社あったとします。その１００社を、１００％公平に、純粋に実力だけで選んでくださいと言われたらどうでしょう。

その中に数社、名前を知っているスクールがあり、さらにそのうちの１社は、信頼する友人がすすめるのを聞いていい印象を持っていたとしたら。その１社を選ぶか、少なくともひいき目で見るのが人情ではないでしょうか。

❖マーケターの視点からは、この選考基準は当然のこと

完全実力主義だと思っていた欧米のグローバル企業で、目立つことが６割、印象が３割などと言われたときは、とてもがっかりしました。

ただ、そう言われて我に返ってみると、**「知名度６割、印象３割、実力１割」**という現実は、私にとってそれほど受け入れがたいものでもありませんでした。なぜなら、マーケターとしてマーケティングの視点から考えると、それは至極当然のことだからです。

すでにお気づきかもしれませんが、この**ＰＩＥは、「覚えてもらう」「好きになってもら**

う」「選んでもらう」の焼き写しになっています。

- **エクスポージャー（どれだけ目立っているか）：覚えてもらう**
- **イメージ（印象）：好きになってもらう**
- **パフォーマンス（仕事の実力）：選んでもらう**

どんなに優れた商品やサービスでも、それがどんなに優れた価値を持っていても、そもそも覚えられていなければ検討のテーブルにも上がれません。他に無数の競争相手がいれば、好きになってもらっていないブランドには、価値をしっかり伝える機会すら与えられません。

これと同じことが、社内の人事考課にも当てはまるということです。

６：３：１という割合は、仕事の実力はさほど重要ではない、ということを意味するわけではありません。

仕事の実力があることは、昇進する上では最低限の必須条件です。そもそも仕事の実力がない人が、上司からいい印象を持たれたり、社内で目立ったりできるわけがありません。一時的にはできるかもしれませんが、すぐに化けの皮が剥がれるでしょう。

なぜ「ジャック ダニエル」を選ぶ人もいれば、「オールド グランダッド」や「テイラー」を選ぶ人もいるのか？　全てを試して味を比較した？　笑わせないでくれ。3つのブランドはそれぞれ違うイメージをもっていて、違うタイプの人たちにアピールしている。顧客はウィスキーではなく、イメージを選んでいるのだ。

――デイヴィッド・オグルヴィ（現代広告の父）

『Ogilvy on Advertising』David Ogilvy, Prion

この割合が意味するのは、**何が決め手となるか**ということです。

ペットボトルのお茶を選ぶとき、味が決め手で選ばれることは稀でしょう。もちろん美味しくないものは論外ですが、コンビニやスーパーに流通しているものであればどこのお茶も味に遜色はありません。その上で印象が悪いブランドは選ばれにくいでしょうし、そもそも知られていなければ決定的にチャンスは少なくなります。

このような現実を表現したのが、６：３：１という割合なのです。

「常に相手からスタートする」と言っても、マーケターは道徳家や宗教家ではありません。**データを重視する科学者**であり、**現実を直視する実践家**です。

まずは相手（組織や会社や社会）にとって価値がある、相手に貢献できる人になることが大前提です。しかしそれは、自分をアピールしなくてもいいということではありません。**自分の価値を実現する手段として「覚えてもらう」「好きになってもらう」ことが必要なのであれば、その努力も怠ってはいけない**のです。

また、自分をアピールすることを陰で非難する人がいても、それをやり遂げる勇気を持たなくてはなりません。松下幸之助さんの言葉を借りれば、それは**「マーケターのように生きる」人の義務**なのです。

マーケターのような生き方
POINT 50

自分の価値を届けるためには「自分をアピールする」ことが必要で、それは義務ですらある。

自分の「価値」の伝え方

自分の存在をアピールすることは義務だとわかったとして、広告を出したりはできない個人が自身を「覚えてもらう」「好きになってもらう」ためには、具体的には何をすればいいのでしょうか。

常套手段は「**話題になる**」ということです。

「Mr. CHEESECAKE（ミスチ）」というチーズケーキのブランドがあります。販売はネット通販限定。商品はチーズケーキのみ。価格はチーズケーキにしてはかなり高め。そして、大々的に広告展開をしているわけではありません。

にもかかわらず、いつも販売開始と同時にすぐに売り切れてしまうため、購入希望者はLINEでお友達登録をして、販売開始のお知らせを待たなければいけません。

この「ミスチ」ですが、ツイッターを見ていると、かなり頻繁にその話題を目にします。私のフィードにいる人たちが「注文できた！」「届いた！」などと自慢をし、さらにそこに「いいな！」「私も好き」などという反応が集まるからです。要するに「話題になっている」のです。

このようにして**コミュニティの中で話題になることは、「覚えてもらう」ために絶大な力を発揮します**。

頻繁に会話に登場することで「**繰り返し伝える**」効果が生まれます。そんな話題に自分自身も加わることで「**自分ごと化**」が進みます。さらに、近しい人とのコミュニケーションでは、より「**心が動きやすい**」というメリットも享受できます。

では、「話題になる」ためには、具体的にどうすればよいのでしょうか。

茶の間の話題を独占することを目指すのであれば、国民的なスターになるか、大スキャンダルの憂き目にあうしかありません。それはちょっと無理な相談かもしれませんが、会社や業界など小さなコミュニティで話題になるのは、実はそう難しいことではありません。

皆さんの周りのコミュニティで、よく話題に上がる人を思い浮かべてみてください。そして、そういう人の特徴を分析してみてください。

❖「共通の知人」を増やす

私は大きく2つあると考えています。1つは「**共通の知人が多い**」ということです。

飲み会であまり親しくない人と隣の席になったりしたとき、共通の知人がいると話題にこと欠かず助かりますよね。

共通の知人を多く持つためのいちばん手っ取り早い方法は「**積極的に人に会う**」ことです。社内などの限られたコミュニティであれば、全員と顔を合わせることも十分に可能です。業界など少し広めのコミュニティであれば、その中でさらに話題の核となっているコミュニティを意識します。

成功している人ほどアフターファイブのフットワークが軽く、会食や飲み会、ネットワーキングイベントなどに頻繁に参加している印象がありますが、これはそれを意識してのことだと考えられます。

職業というものの尊さは、何よりもまず、人と人を結びつけることにある。この世に本当の贅沢は一つしかない。人間の関係という贅沢がそれだ。

——サン＝テグジュペリ（『星の王子様』の著者）

『人間の大地』サン＝テグジュペリ、光文社

「偶然」を「キャリアアップの機会」に変える秘訣の1つは、「配られるカード」を増やすことでした。

気軽に人と会うフットワークの軽さは、**話題の素となる共通の知人を増やしてくれる**だけでなく、**「配られるカード」を質量ともに増やしてくれます**。

そう考えてみると、私自身のキャリアも、ほとんどがそうして人と会うことがきっかけでチャンスをいただき、実現してきました。たとえばこの本も、もう何年も前にとあるイベントの立食パーティーで、版元である東洋経済新報社の方にお会いしたことが源流です。そこからイベントに登壇者として呼んでいただき、記事を書かせていただきということが何年か続き、最終的にこの本の編集者さんに巡り会えました。

私自身はかなりの人見知りなので、本当はそうした社交の場が大の苦手です。毎回逃げ出してしまいたくなります（実際に逃げ出してしまうことも多々あります）。

しかし、登壇者としてイベント運営者にアフターパーティーへの出席を懇願されるなど、半ば強制連行のような形で参加を繰り返しているうちに、慣れてくると同時にその効果を実感するようになりました。

ツイッターなどで「そうした社交の場が苦手」とつぶやくと、さまざまな著名人が共感の言葉とともにリツイートしてくれます。人前で雄弁に話す経営者やインフルエンサーでも、いやむしろそういう人ほど、人見知りの人が多いというのが私の実感です。
つまり、そうした著名人もみんな無理をして、自分自身を社交の場に引っ張り出しているということでしょう。なぜか？　それは、**そうして無理をするにあまりあるメリットを感じているから**です。そのメリットとは、1つには**配られるカードが増えること**。そして何より**「共通の知人」が増えることにより、自分のプレゼンス（存在感）が上がること**です。

所属する業界やコミュニティに、そうした社交の場があれば、ぜひ積極的に顔を出してみましょう。最初は勇気がいると思いますが、自分自身を「強制連行」するような心持ちで。

会社なら、飲み会を含めて社内のイベントを有効活用するのが常套手段です。新しい生活様式の中でそうした機会を見つけるのが難しくなっているのは残念ですが、リモート飲み会など新たなネットワーキングの手段が生まれているのは、それが不可欠である証拠ではないでしょうか。ライバルに差をつけるチャンスととらえ、ぜひ積極的に参加してみてください。

また、公式のものでも非公式のものでも、会社のイベントに顔を出した際は、参加者をよく観察してみてください。社内で有名な「あの人」は、そうしたイベントの頻出キャラだったりするものです。

この75年に及ぶ研究の答えはとてもシンプルです。人との質の高い繋がりが私たちを健康に、そして幸せにする。これだけです。

――ロバート・ウォールディンガー
（ハーバード大学教授、724人の人生を75年にわたって調査した研究の4代目ディレクター）

「What makes a good life? Lessons from the longest study on happiness」Robert Waldinger、TED（ted.com）

当然のことながら、**これらはすべて仕事の実力ありきの話**です。実力も実績もないのに飲み会ばかりに参加しているだけでは、単に飲み食いが好きなだけの人になってしまいます。最初にあげた「ミスチ」も、チーズケーキが抜群に美味しいということが話題の大前提です。その上で、代表の田村浩二さんがＳＮＳ上で交流を広げ「共通の知人」を増やすなど、プレゼンスを上げるための努力も怠っていないのです。

❖「人前で話す」ことは「共通の知人を増やす」最も効率的な手段

これは万人向けではありませんが、**人前で話すことも「共通の知人を増やす」効率的な手段**です。

たとえば１０００人の前で講演をすると、その１０００人の間では、私は共通の知人になります。これもある意味では「人と会っている」のです。

ある程度の実力と実績、そして話術がないと講演のオファーはあまりないかもしれませんが、公募などを見かけたら積極的に応募してみることをおすすめします。

社内でのプレゼンテーションや発言の機会には、よりカジュアルに挑戦できるでしょう。外資系企業では、重役が来日し一般社員の前で「タウンホール」と呼ばれる講話をした後は、必ず会場からの質問を受けつけます。この手の質問タイム、日系企業では「シーン」となることが多いでしょう。しかし、外資では質問権の取り合いになります。**自分の存在をアピールする絶好の機会**だからです。

日系企業でこのようなアピールをやれと言われたらさすがに私も尻込みしますが、自分の所属する部署の集会などであれば、いくらかハードルも低いのではないでしょうか。定例ミーティングで来週の発表者を募るといったようなシチュエーションなら、準備もできてなおさら取り組みやすいはずです。

他の人が手をあげないのは、むしろ大チャンスです。ぜひ積極的に挑戦してみてください。

❖「ニュースの供給源」になる

「話題になる」ためのもう1つのポイントは、「**ニュースの供給源になる**」ことです。

飲み会であまり親しくない人と隣の席になったとき、共通の知人がいると話題にできて助かりますが、その人が何かニュースを持っていると、より会話が弾むでしょう。「あの人、最近昇進したらしいよ」などといった具合です。

先ほどの「ミスチ」も、定番のラインナップに加え、季節限定のフレーバーを定期的に投入することで、ファンにニュースを提供し続けています。それもただおもむろに発売するだ

人間がどれだけの価値を生み出せるかは、他者との関係がどれだけ強くて深いかによって大きく変わってくる。

――リンダ・グラットン（ロンドン・ビジネス・スクール教授、『ライフ・シフト』著者）

『未来企業』リンダ・グラットン、プレジデント社

けではなく、商品開発の過程をツイッターで実況中継しているのです。発売されると瞬時に売り切れてしまうので、発売そのものはニュースになりにくいことを考えると、これはとても賢い戦略です。

発売すれば即完売という人気に甘んじることなく、常に新しいチャレンジを続けている姿勢が、ファンの共感を呼んでいることは間違いありません。

このように、**常に何か新しいことに挑戦し続けている人は、ニュースの供給源になりやすい存在**です。ニュースは「ニュー」スなので、「新しい」チャレンジであるという点が重要です。

もちろん、昇進やキャリアアップを目指すなら、**仕事そのものでニュースを供給**しなくてはなりません。新たな大型プロジェクト、注目のプロジェクトを任され、それを成功させれば話題になることは間違いありません。

「これなら貢献できる！」と思える、そして注目度の高い仕事を見定めて、それが自分にとって「ニュー」であったとしても積極的にチャレンジする。そういった姿勢が、ニュースの供給源になるためには欠かせません。

しかし、重要なプロジェクト、特にその人にとって「ニュー」なプロジェクトというのは、チャレンジする姿勢があれば誰でも任せてもらえるというものではありません。

仕事の報酬は新しい仕事だ、とはよく言われますが、小さな貢献の積み重ねが次の大きな貢献のチャンスを運んでくれるものです。**常に貢献を意識し、「配られるカード」を増やしておくことは、ここでも大きな威力を発揮します。**

そして、新しいチャレンジというのは、どこか「心地が悪い」ものです。

自分が心地よく仕事できる領域を「コンフォタブル・ゾーン」と言いますが、そこから抜け出し、アンコンフォタブルな＝居心地が悪い領域に踏み出すことで、やがてそこを新しいコンフォタブル・ゾーンにすることができます。これが仕事における「成長」の正体です。

新しい何かに挑戦し続けることは、「話題になる」ための戦略であるのみならず、自分自身の成長戦略にもなりうるのです。

ここで大切なのは、**「心地が悪いこと」と「嫌なこと」は違う**という点です。人間、自分が心底嫌なことを通じて、相手に貢献し続けることはできません。**「自分にしか埋められない、世界の欠けたピース」が、自分の嫌なことであろうはずはない**からです。

だから、嫌なことからは逃げてもいい、と私は考えています。嫌な人からも逃げてかまい

重要なのは本当のあなたでいられる仕事につくことです。あなたの可能性を最大にし、あなたが世の中に貢献できる仕事です。

——ポール・ポールマン（元ユニリーバCEO）

「Unilever CEO Paul Polman interviewed by his son Sebastian on HuffingtonPost's "TalktoMe"」Unilever US（YouTube）

ません。

ただし、「心地が悪い」ことから逃げてはいけません。それは皆さんのニュースにつながり、そして何より皆さんに成長をもたらしてくれるからです。

> マーケターのような生き方
> POINT 51
>
> 自分をアピールするためには「話題になる」必要がある。「共通の知人を増やす」「ニュースの供給源になる」のが効果的。

「相手の役に立つ」という目的をぜったいに忘れない

話題にしてもらうための皆さんに関するニュースは、「**真実**」である必要があります。話題づくりのための「仕掛け」「ギミック」は、受け入れられないどころか、時に非難の的にさえなりえます。

いわゆる「炎上商法」を実践している人は、「話題になる」ことの重要性を理解しているという意味で、リアリストであるとは言えます。

しかし、**「価値を伝える」のプロセスは「覚えてもらう」だけでは完結しません**。その上でいい印象を持ってもらい、その印象を土台にして実力を評価してもらい、最終的に選んでもらう必要があります。

すでにそういうキャラクターを確立していれば話は別ですが、炎上商法で覚えてもらったり思い出してもらっても、多くの人に悪い印象を持たれたり、嫌われてしまっては意味がありません。「悪名は無名に勝る」かもしれませんが、**「悪名は美名に劣る」**のは当然のことです。

❖「相手の役に立つこと」を最終目的に据える

そして何より忘れてはいけないのは、**これらはすべて「最終的に相手の役に立つため」に行われる**ということです。

自分の存在をアピールするだけの「アピール野郎」になっても仕方ありません。世に言う「セルフブランディング」という考え方は、この点への理解を欠いていると感じることがあります。

マーケティングというのは「価値の交換」でした。ブランドも商品が持つ価値の1つです。

自分のレガシーを過剰に、あるいは早く気にしすぎる代わりに、私が選んだのは、いつもそうしてきたように、意味のある貢献ができる道を歩むことだった。

――ジョン・L・ヘネシー

（スタンフォード大学名誉学長、グーグルの親会社アルファベット会長）

『本物のリーダーが大切にすること』ジョン・L・ヘネシー、ダイヤモンド社

たとえばメルセデス・ベンツというブランドは、乗っていることで「お金持ちだと思われる」という評判価値を（1つには）提供してくれます。

一方で「セルフブランディング」というと、一般的にはソーシャルメディアで情報発信をしたりメディアに登場することで、社内や特定のコミュニティでの知名度と自分のイメージをつくるようなことを指すように思われます。

そこに、**相手にとっての価値**は発生しているでしょうか。そのことが、**最終的に自分以外の誰かの役に立つでしょうか**。

そうした視点が欠けているなら、それはマーケティングでもブランディングでもありません。

❖「伝えるべき価値がある」ことが大前提

知名度を上げ、自分のイメージをつくる。それをコンサル案件の受注などビジネスの必要性からやっているのであれば、それはたしかにマーケティングであると言えます。まさに**「価値を伝える」のプロセスの一部**です。

このときに重要なのは、**そうした人たちは伝えるべき価値をすでに持っている**ということです。価値のあるサービスを提供しており、それを伝える1つの手段として、ソーシャルメディアなどでの情報発信をしているのです。

特に伝えるべき価値がないのに、それを伝達する手段だけを持っていても意味はありません。**いくらソーシャルメディアで情報発信をしても、それだけで伝えるべき価値まで生み出されるわけではない**ことは言うまでもありません。

それでは、自らの価値はどのようにして生み出されるのでしょうか。

それには「市場を定義する」「価値を定義する」「価値をつくりだす」のプロセスを踏んで、相手の役に立つため、相手の課題を解決するための実力と実績を積み重ねておくことです。

「価値を伝える」は、これまで見てきた4つのステップの、まさに集大成なのです。

マーケターのような生き方
POINT 52

「価値を伝える」のは、伝えるべき「価値」を身につけた後の最後のステップ。

「商才」というものも、もともと道徳を根底としている。不道徳やうそ、外面ばかりで中身のない「商才」など、決して本当の「商才」ではない。そんなのはせいぜい、つまらない才能や、頭がちょっと回る程度でしかないのだ。

――渋沢栄一（実業家、新しい1万円札の顔）

『現代語訳　論語と算盤』渋沢栄一、守屋淳訳、筑摩書房

STEP 4

価値を伝える　TRY

BUSINESS
ビジネス

あなたの会社の商品・サービスを「覚えてもらい」「好きになってもらい」「選んでもらう」方法を考えてみましょう。

CAREER
キャリア

いまの会社か業界で、あなた自身を「覚えてもらい」「好きになってもらい」「選んでもらう」方法を考えてみましょう。

PRIVATE
プライベート

あなたのSNSアカウントをもっと多くの人に伝えるにはどうするべきか、考えてみましょう。

おわりに　あらためて「マーケターのように生きる」のすすめ

生きる規範は時代とともに移り変わる

自分が好きなことをやって生きていく。自分らしさを何より大切にする。いつまでも自分の夢を追い求める。

こうした言葉には、**強く共感する人たち**がいる一方で、**眉をひそめる人たち**もいます。

黒電話とブラウン管テレビの時代に生まれ、インターネットの幕開けとともに社会人になった昭和と平成のハイブリッド世代としては、その両方の考え方をよく理解できます。

❖ 生きるために「やりたくないこと」でもやった時代

私の祖母は戦後、故郷である岐阜の郡上八幡から横浜にやってきて、同郷の祖父と結婚しました。

祖父は印刷会社を起こし経営に勤しみましたが、母が高校生のときに3人の娘を残して突然病死してしまいます。跡を継いだのは、会社経営やビジネスの経験はおろか、教育もまともに受けておらず字だってうまく書けない祖母でした。

祖母はその後、子育てを続けながら会社経営に奮闘し、東京にも支社を持つほどにビジネスを拡大させました。

令和の現在でさえ、女性の経営幹部が諸外国に比べて大幅に少ないとたびたび指摘される我が国です。昭和のど真ん中にあって、女性経営者として、男性ばかりの銀行員や取引先とワタリをつけ、従業員をまとめ上げるのは並大抵のことではなかったと思います。しかも女手一つで子育てを続けながら、です。

祖母がそれをやりたかったかというと、決してそうではないでしょう。でも、やらざるを得なかったのです。他に何も選択肢がなかったからです。

生きるためには、他に何も選択肢がなかった。そんな意味では、祖母の時代には多くの人が同じような経験をしているのではないでしょうか。

それに続く私の両親の世代も、「自分らしく」「自分の好きなことで生きる」という価値観は持っていなかったでしょう。

みんな、**家族のため、会社のため、日本の発展のために、身を粉にして働いてきてくれた人たち**です。

❖「好きなこと」が礼賛された時代

時代を一気に現代まで早送りしましょう。

経済が発展し、さまざまなセーフティーネットが整備されて、社会は安定しました。カメラをはじめとした映像機器や音響機器が手に入りやすくなり、大手エンタメ企業に独占されていた制作手段が「民主化」されました。

インターネットを通じて、それを自ら発信できるようにもなりました。ウーバーイーツの宅配など、「ギグワーク」と言われる単発の仕事が増えたことで、生活の糧をつなぎ止める手段も整いました。

こうしたことからYouTuberなどが人気の職業となり、**自分らしく、好きなことで生きていくというライフスタイルが、許容されるばかりか、称賛される世の中**になりました。

これらは私の祖母や両親の時代には考えられなかった素晴らしいことである一方で、社会の新しい歪みを生み出してしまう可能性もあると考えています。

YouTubeなどのプラットフォームは、誰もが好きなことで生きていくライフスタイルを「可能」にした一方で、**それを「保証」してくれるわけではありません**。誰でも気軽に大相撲の土俵に上がれるようになったとしても、力士として食べていくことがそれで保証されるわけではないのと一緒です。

大きな成功をつかむのは、才能と幸運に恵まれ、その上で血のにじむような努力を怠らなかったほんの一握りの人でしょう。

それ以外の多くの人たちがつくるコンテンツは、作者の努力も虚しく、ほとんど誰にも顧みられません。自分が時間と情熱を注ぐ活動が他人から認めてもらえないという状況は、自己肯定感をジワジワと蝕んでいくでしょうし、少なくとも納得のいく報酬にはつながらないでしょう。

「誰もがみんな特別」である

そして、令和の時代、新しい時代が始まりました。

この流れがこのまま行き着く先に、私たちの幸せは待っているのでしょうか。

韓国のＪＹＰエンターテインメントとソニーミュージックが手掛ける、「Nizi Project」というYouTubeの番組が人気を博しました。世界に通用する日本人ガールズグループをつくるというコンセプトのオーディション番組です。

この番組の魅力は、夢を追う女性たちのひたむきさもさることながら、何と言ってもプロデューサーであるJ.Y.Park（パク・ジニョン）さんの「才能の伸ばし方」です。

「**みんなそれぞれ特別である**」というParkさんの信念は、いつでもブレることがありません。それゆえオーディションでは、かならずしも歌やダンスが上手な人を選ぶわけではありません。グループとして集まったときに輝く個性を見出し、それを本人が伸ばすことができるかどうかを判断します。

そんなParkさんの哲学は、次の一言に凝縮されています。

> このオーディションはある特定の目的に合わせて、そこに合う人を探すだけで、皆さんが特別かどうかとは全く関係ありません。1人1人が特別でなかったら、生まれてこなかったはずです。

この言葉は、オーディションの途中で、勝者ではなく落選し夢破れるであろう人たちに贈られたものです。それゆえ、私の心を強く打ちました。「はじめに」でもお話ししたとおり、私自身、過去に夢破れた経験を持っているからです。

❖「誰かの役に立てる自分だけの領域」は必ずある

子どものころの夢が叶って、現在まさにその夢の中に生きているという人は、全世界の何%くらいいるのでしょうか。

大半の人が「すでに破れた」子どものころの夢を、それでも完全には捨てられず胸に抱いて生きているのではないでしょうか。あるいは、そんな大それた夢などそもそも持っていない、持ったこともない、という人も多いでしょう。

それでも、だからといって、そうした人たちが特別じゃないわけではありません。

「１人１人が特別でなかったら、生まれてこなかったはず」なのです。

そして、この本でお伝えしたかったのは、それではどうすればいいのか、ということです。

その答えが、「マーケターのように生きる」ことです。

相手からスタートし、常に相手に寄り添い、相手の役に立つことをゴールにする。

でも、宗教や道徳としてではなく、あくまで**現実的な実践者として、事実とデータを重んじながら**。そして、慈善事業としてではなく、**生きる術として、自分自身に「結果としての」**

見返りを期待しながら。

Parkさんの言うように、1人ひとりがみんな特別なのだとしたら、どこかにかならず「誰かの役に立てる自分だけの領域」があるはずなのです。

ある人にとっては、それがParkさんのガールズグループなのかもしれません。ある人にとっては、また別のガールズグループなのかもしれませんし、それとはまったく別の何かなのかもしれません。

それが何にせよ、誰もが自分だけのやり方で、世界の欠けたピースを埋めることができるのです。それを**確実に、理想論でも綺麗ごとでもなく実現する手段が、「マーケターのように生きる」こと**です。

ホールネスの時代

ホールネスという言葉があります。「全体性」などと訳されますが、「ティール組織」と言われる、上司も部下もない未来型の組織で大事にされている考え方です。

個を重んじつつも、個と全体を対立させず、**個あっての全体、全体あっての個**と、その関係性を相互補完的にとらえる点に特徴があります。

ちょうど私たちの身体と器官がそうです。胃や腸や心臓や脳は、すべて他の何でも代替することができないユニークな「個」ですが、それぞれ単体では存在できません。身体という「全体」があって、はじめてその「個」が存在でき、かつ意味を持つことができるのです。同時に「全体」も「個」のうえに成り立っています。小さな臓器でも、その機能が失われてしまうと、身体全体が立ち行かなくなってしまいます。

これこそがまさにホールネスです。

ホールネスは「全体主義」とは異なります。ホールネスと全体主義の関係を整理すると、以下のようになります。

- **全体主義：社会のために個人がある**
- **個人主義：個人の実現のために社会がある**
- **ホールネス：社会が個人を成り立たせ、個人が社会を成り立たせる**

この本の主張は、まさにこの「ホールネス」という考え方に基づいています。

そして、全体主義の昭和、個人主義の平成を経て、**令和はこのホールネスの時代になる**と感じています。

昭和の時代：全体主義＝社会の発展のために身を粉にして働く

←

平成の時代：個人主義＝好きなことで生きていく

←

令和の時代：ホールネス＝自分だけができるやり方で、世界の欠けたピースを埋める

自分だけが埋められる、世界に欠けたピースが必ずあるはずです。

それは**どんなものであれ特別**です。

だから、**綺麗ごとではなく、絵空ごとでもなく、本当に間違いなく、皆さんは1人ひとりが特別**な**存在**なのです。

そうして**皆さんに埋められることを待っている、世界の欠けたピース**がきっと見つかりますように。

参考文献

【書籍】

ケビン・レーン・ケラー『戦略的ブランド・マネジメント』
恩藏直人・亀井昭宏訳、東急エージェンシー

スコット・ギャロウェイ『the four GAFA――四騎士が創り変えた世界』
渡会圭子訳、東洋経済新報社

田中洋『消費者行動論』中央経済社

田中洋『ブランド戦略論』有斐閣

バイロン・シャープ『ブランディングの科学』
加藤巧監訳、前平謙二訳、朝日新聞出版

フィリップ・コトラー『コトラーのマーケティング・マネジメント　基本編』
恩藏直人監修、月谷真紀訳、ピアソン・エデュケーション

フレデリック・ラルー『ティール組織――マネジメントの常識を覆す次世代型組織の出現』
鈴木立哉訳、英治出版

山口周『ニュータイプの時代――新時代を生き抜く24の思考・行動様式』ダイヤモンド社

Peter Thiel & Blake Masters,
Zero to One：Notes on Startups, or How to Build the Future, Currency

【ウェブサイト】 メインページURLのみ記載

「エナジードリンク市場～市場急成長の要因を探る」Intage知るGallery（www.intage.co.jp）

「西野カナ、作詞の極意は『アンケート』　自身の恋愛観よりみんなの意見」
Sponichi Annex（sponichi.co.jp）

「『2019年 日本の広告費』解説―インターネット広告費が6年連続2桁成長、テレビメディアを上回る」
電通報（dentsu-ho.com）

「パナソニック『宣伝広告は義務』創業から貫く深いワケ」AERA dot.（dot.asahi.com）

「ロナルド・レーガン」ウィキペディア（ja.wikipedia.org）

「[Nizi Project] Part 1 #7-2」JYP Entertainment（youtube.com）

“Definition of Marketing,” American Marketing Association（ama.org）

“Kaizen,” Wikipedia（en.wikipedia.org）

“Krumboltz's theory,” careers.govt.nz（careers.govt.nz）

“Retail therapy-How Ernest Dichter, an acolyte of Sigmund Freud, revolutionised marketing,”
The Economist（economist.com）

“Stanford Professor John D. Krumboltz, who developed the theory of
planned happenstance, dies,” Stanford Graduate School of Education（ed.stanford.edu）

【著者紹介】

井上大輔（いのうえ　だいすけ）

マーケター、ソフトバンク株式会社 コミュニケーション本部 メディア統括部長。

ミュージシャンを志すも挫折。小さな広告会社でプランナーの仕事を始める。当初はまったく仕事のできないお荷物社員だったが、マーケティングの英知から学んだ「仕事とは人の役に立つこと」という思想に目覚めて以降、仕事にかぎらずあらゆる場面で「必要とされる」ようになる。以降ニュージーランド航空、ユニリーバ、アウディジャパンなどでマネージャーを歴任。ヤフー株式会社MS統括本部マーケティング本部長を経て現職。

雑誌・Web媒体への寄稿や講演会・セミナーへの登壇多数。NewsPicksアカデミアプロフェッサー。著書に『デジタルマーケティングの実務ガイド』（宣伝会議）など。

マーケターのように生きろ
「あなたが必要だ」と言われ続ける人の思考と行動

2021年3月4日　第1刷発行
2021年8月10日　第5刷発行

著　者——井上大輔
発行者——駒橋憲一
発行所——東洋経済新報社
〒103-8345　東京都中央区日本橋本石町 1-2-1
電話＝東洋経済コールセンター　03(6386)1040
https://toyokeizai.net/

ブックデザイン……成宮　成（dig）
D T P…………明昌堂
印　刷…………ベクトル印刷
製　本…………ナショナル製本
編集担当………桑原哲也

ISBN 978-4-492-04685-2